Günther Kunstmann

Atos 29

Milagres e maravilhas
ainda acontecem em nossos dias!

Um livro de fatos e de encorajamento

Günther Kunstmann

Atos 29

Milagres e maravilhas
ainda acontecem em nossos dias!

Uma viagem aventurosa no Reino de Deus

Relatos sobre o atuar de Jesus nestes dias

Um livro de fatos e de encorajamento

Informações bibliográficas da Biblioteca Nacional alemã
Biblioteca nacional:
A Biblioteca Nacional alemã registrou esta publicação na Bibliografia
Nacional alemã;
Dados e informações estão disponíveis na internet na página:
http://dnb.dnb.de

Os versículos bíblicos são citados usando a tradução bíblica :
Bíblia Sagrada, Nova Versão Internacional, NVI
Palavras e termos em negrito ou em parênteses são destaques ou ênfases
do próprio autor.

Título da edição original em alemão:
„Apostelgeschichte 29"
Tradução para o Português:
Ricardo Abuquerque da Costa, Bamberg / Alemanha
e Thais Zenker / Austria
Revisão de um texto:
Leandro Marins / Rebeca Davison

Foto título do livro: © Günther Kunstmann

Editora e organizadora: Andra Kunstmann, Bamberg / Alemanha

Produção e editora:
BOD - Books on Demand
Norderstedt / Alemanha

ISBN: 9783744817240

Dedicatória

Dedico este livro a três pessoas que mais marcaram a minha vida com Jesus: Meus pais e a minha esposa Andra!

Meus pais
concederam-me uma infância feliz e saudável – foram eles que me apresentaram a dimensão da fé desde quando eu era pequeno. Através dos meus pais, aprendi a amar e, também, a apreciar a Palavra de Deus.

Eles sempre me encorajaram a seguir o caminho de Jesus Cristo e também a sempre crer, mesmo estando em situações as quais muitas vezes não conseguia entender e nem mesmo lidar.

A própria maneira como eles vivem tem sido para mim um grande exemplo em vários aspectos. Durante a minha infância e adolescência meus pais sempre tentaram me encaminhar no caminho da fé e também a transmitir para mim a convicção de que Jesus me ama, que Ele sempre está disponível a mim e que a minha vida tem um significado e também um chamado. Esta convicção já se demonstrou em uma das redações que escrevi quando estava na escola, pois a terminei com as seguintes palavras:

„É através da graça que sou o que sou"

Ter vocês como meus pais é um grande presente que recebi de Deus. Muito obrigado por tudo que vocês investiram na minha vida. Obrigado pelas orações, pelos conselhos, pela companhia, pelas advertências e também pelas lágrimas choradas por mim.

Que o Senhor Jesus, o nosso Salvador, abençoe vocês de forma tremenda e dê também a vocês muitos anos de vida felizes. A recompensa celestial de vocês será grande.

Muito obrigado, amo vocês!

Andra

O amor da minha vida!

Deus nos uniu para que possamos viver juntos e para que possamos crescer em intimidade no matrimônio e, também, NELE.
Ele nos chamou também para que juntos possamos explorar uma dimensão de fé ainda não explorada, para que possamos servir a Deus e o seu povo e para que várias pessoas possam aceitar a Cristo e se apaixonarem por Ele.

Obrigado pela sua paciência e pelo seu apoio, mesmo em momentos em que eu não consegui entender, aceitar ou quando tentei a até mesmo precipitar-me.
Obrigado pelas suas orações as quais me acompanharam na minha profissão como policial e também na minha vida espiritual.
Obrigado pelos, até aqui, 34 anos de matrimônio de muito amor e alegria.

Obrigado pelas viagens que fizemos juntos e pelas aventuras com Jesus. Eu sei que não foi sempre fácil para você.

Você é uma mulher maravilhosa, determinada, direta, visionária e uma fortalecedora da fé.

Obrigado por toda palavra de encorajamento e pelo apoio que você me deu ao escrever este meu primeiro livro. Eu tenho uma certa suspeita que este livro não será o último.

Meu tesouro, te amo com todo o meu coração.

Prefácio

Este livro se trata de um relato sobre a minha vida. Uma vida muito normal.
Este livro não se refere a um estudo teológico, ele também não é um livro clássico sobre teologia.
Este é um livro que conta testemunhos da minha vida. Todos os testemunhos que conto neste livro são experiências que vivi.

Eu conto como Deus conseguiu fazer com que eu trabalhasse ao seu lado. Falo também sobre os bloqueios e os obstáculos que enfrentei, mas também sobre as imensas vitórias que recebi.

Neste livro falo também de como fui curado e também como Deus enviou-me e a minha esposa para as nações, a fim de ministrar as pessoas e ver Deus operar de forma tremenda.

Hoje nós podemos ver a cada dia que passa milagres e maravilhas, principalmente na área de cura e intervenção divina. Por isso, desejamos para honra e glória do Senhor Jesus compartilhar e relatar as nossas experiências.

Todos os relatos descritos neste livro são fatos que nós vivemos pessoalmente. Por razões de proteção pessoal, decidimos omitir o nome das pessoas envolvidas nos nossos testemunhos. Neste caso, somente menciono o sexo da pessoa e em alguns casos a idade no momento em que ela foi curada.

Caso a localidade não for mencionada nos textos, significa então que neste caso os relatos de cura ocorreram em nossa igreja „Jesus Gemeinde Bamberg".

Sob o título „Relatos", eu e Andra comentamos sobre as curas e os milagres vivenciados.

Quando aparecer nos textos o termo pastor ou pastora, isto quer dizer, que estes relatos falam sobre mim e a minha esposa, pois somos ambos pastores e também líderes da igreja „Jesus Gemeinde Bamberg".

Relatos referentes a uma só pessoas estão descritos usando o termo "eu" – pois, estes testemunhos foram nos passados diretamente por estas pessoas.

Eu escrevo este livro porque a cada dia que se passa fico mais empolgado por Jesus. Estou também empolgado com as coisas que Jesus continua a fazer em nossos dias e são estes acontecimentos que infelizmente ouvimos tão pouco..

Eu escrevo com um coração cheio de agradecimento, porque Jesus me guiou no caminho da dimensão sobrenatural. As coisas que eu pensava que eram impossíveis acontecer, se tornam mais e mais possíveis através da nossa vida e do nosso ministério.

A Cristo seja toda honra e agradecimento! Tudo gira em torno dele e não de mim. Jesus é o Salvador. Ele é aquele que cura e que liberta, não eu. Eu posso e quero proclamar os seus bons feitos e também os milagres que Ele opera.

Nós mostramos e demonstramos as pessoas que ainda não conhecem a Jesus, que Ele as ama e que Ele tem um grande interesse por suas vidas. Nosso desejo é ajudar estas pessoas a ter um livre relacionamento com Jesus, a vivenciar o gozo do perdão e também a obter, através de Cristo, força, auxílio e uma nova razão de viver.

Uma vida que não termina aqui na terra, mas que irá durar para sempre. Uma vida aqui na terra com a chance de vivenciar e compartilhar com outras pessoas o poder e a ajuda que vem do sobrenatural.

Te digo com convicção: Jesus é tão maravilhoso que Ele sempre irá te impressionar.

Nós gostaríamos de encorajar e também desafiar o povo de Deus a meditar sobre a Bíblia, a pedir e a autorizar o Espírito Santo para que Ele nos encaminhe em uma nova dimensão.

Seja um seguidor de Jesus alcançando o seu mundo com a Palavra de Deus e com o seu poder. Opere milagres para que o Senhor Jesus, o nosso poderoso Deus, seja glorificado e para que nós o representamos de forma digna, pois Ele é digno.

Pois foi para tudo isto que você e eu nascemos
e fomos chamados!

Vamos seguir e prosseguir
Vamonos
Let´s go

Günther e Andra Kunstmann
Bamberg 2015

Índice

Tudo começou com uma alergia ao feno

Um descobrimento assustador

Já chegando aos 30 anos de idade, agradecido e também feliz da vida por ter um corpo perfeito e saudável. Fazemos planos, queremos descobrir o mundo e nada parece nos segurar. Quem é que se atreveria a botar o pé e tentar impedir? No entanto o meu mundo perfeito foi virado de cabeça para baixo quando enfrentei o seguinte ocorrido:

Alergia ao feno através da flor do capim

Esta descoberta veio como uma flecha em minha direção, pois eu simplesmente não tinha a mínima ideia de como esta alergia poderia ter vindo. Nunca tinha tido nenhum tipo de alergia, amava o cheiro de grama e do feno. Eu costumava até a trabalhar com muito prazer no campo colhendo o feno, sem que nada mal me atingisse. A primavera era pessoalmente o tempo do ano mais bonito.

De repente tudo mudou!
Meus olhos que ardiam, coçavam e inchavam, irritação na garganta, o nariz que escorria como uma cachoeira e não tinha nenhuma perspectiva de cura. Os medicamentos somente trouxeram um pouco de alívio.
Bem vindo ao clube dos alérgicos involuntários!

Este prognóstico foi muito triste, pois ia contra a um futuro que queria que fosse brilhante.

Todos os anos durante o tempo da floração da grama era um verdadeiro terror para mim.
14 dias suspenso do trabalho, somente ficava em casa em um quarto escuro com janelas fechadas, toalhas umedecidas de camomila nos olhos – que maravilha!

Eu esperava ansioso para que esta fase do ano finalmente acabasse para que eu pudesse sair do meu cativeiro e ter novamente contato com a natureza, voltar a atuar no ministério, voltar aos meus afazeres, encontrar-me com amigos e passear.

Lembro-me que a atmosfera em casa com a minha esposa durante estes 14 dias de absoluto repouso era muito tensa, irritante e nervosa. Certamente esta situação não combinava com a minha imaginação de como a primavera deveria ser.

Creio que podes imaginar imaginar como a minha cabeça estava dando voltas como um carrossel.
Eu conhecia muitas pessoas que sofriam de diferentes tipos de alergia e elas estavam cientes de que elas nunca se livraram deste peso, porém tinham que aprender a conviver e lidar com a alergia durante toda a sua vida.

Em certos momentos a alergia me atacava de tal forma que eu desejava morar no Polo Norte, porque lá com certeza eu não teria este tipo de problema. No entanto, morar no Polo Norte não era a saída, pois além do gelo e da neve não existe mais nada lá! Sem falar do tremendo frio.
Por isso, o Polo Norte deixou de ser uma opção para mim.

Durante este „período de sofrimento" eu só conseguia ver o meu futuro sendo desmoronado nos meus pensamentos. Não importa se eu virasse para esquerda ou para a direita, pois eu simplesmente não conseguia achar nenhuma solução para o meu problema, a não ser pedir a Deus que me ajudasse.

Eu tinha certeza de que se existe alguém que tem a solução para o meu problema, então só pode ser ELE!

„ Deus é bom" – ah, como é que é?

Eu cresci em uma família em que meus pais iam frequentemente e alegremente a uma igreja evangélica independente - eles amavam Jesus Cristo, Deus Pai e a Palavra de Deus de todo o coração. Desde quando eu era pequeno sempre acompanhei os meus pais, por isso, ir a igreja por exemplo era algo muito normal e desta forma cresci muito feliz.

Eu entreguei a minha vida nas mãos de Jesus quando era muito jovem (tinha 13 anos).
Oração, revelação e também resposta de oração não eram termos nada estranho para mim.
Tanto a igreja quanto a dimensão da fé eram um ambiente onde estava acostumado. A Palavra de Deus me dava força e orientação mesmo na fase da adolescência. Sinto-me ainda hoje muito agradecido aos meus pais, aos meus irmãos na fé e também a igreja que frequentava, pois eles me ensinaram e me encaminharam nos "caminhos do Senhor". Todo este carinho e apoio me deram o que precisei para passar por situações na minha vida de forma estável.

Mesmo assim, o caminho que tracei nunca foi sempre certo e na minha vida cometi vários erros, os quais sempre tive que me arrepender e pedi perdão. Graças a Deus, ELE sempre me perdoou e a maioria das pessoas que machuquei também.

Nunca tive dúvida que Deus cura, pois ELE é Deus e além DELE não existe outro. Tinha a convicção que Deus é poderoso e que Ele pode fazer o que quer. Acima de tudo, Ele é um Deus justo e saber disto foi um grande conforto. Fui ensinado desta forma. Eu orei muito por cura, mas não via que as coisas mudavam. Eu pensava: „bem, então você tem que aceitar que Deus não quer te curar. Ele cura outras pessoas talvez. Você tem que aceitar isto".

Dentro de mim, eu não conseguia aceitar este tipo de pensamento e percebi que no fundo do meu ser eu tinha uma pergunta a Deus que era: E tu se diz ser um bom Deus?

Eu não queria questionar Deus, mas esta voz silenciosa dentro de mim não queria calar.

Esta situação colocou tudo de cabeça para baixo, pois de um lado eu tinha a perfeita convicção que:
Deus é bom.
ELE me ama de todo o seu coração.
ELE tem bons planos e propósitos para a minha vida.
Eu sempre posso confiar NELE.
ELE deu o seu filho Jesus Cristo para me salvar e me libertar.
A Bíblia está repleta de milagres na área de cura e também
        promessas.
ELE é poderoso e muitas vezes não conseguimos entendê-lo
        com o nosso entendimento.
A Palavra de Deus foi revelada a min e ela é muito prática.

E por outro lado eu não conseguia entender Deus e por isso me perguntava,
   –   Qual é a lógica disto tudo ?
   –   Porque estas coisas acontecem comigo? (eu sou o filho
            DELE)
   –   Eu sempre confiei NELE
   –   O que ELE quer me mostrar ou me ensinar a través desta
            situação?
   –   Porque é que a sua palavra não atua na minha vida?
   –   e mais outras perguntas ...

A final de contas, eu tive que aceitar o meu destino, pois não achava nenhuma solução. No entanto, não estava satisfeito com a minha decisão.

Uma deslumbrante descoberta

Na Bíblia existem relatos de um evento que podemos chamar de

Batismo no Espírito Santo
ou
Encher do Espírito Santo

O qual Jesus oferece a todos aqueles que crêem NELE, que aceitaram ELE em suas vidas e que vivem com ELE. Isto não funciona de forma automática. Nós precisamos pedir! Vejamos 3 passagens da Bíblia:

Se vocês, apesar de serem maus,
sabem dar boas coisas aos seus filhos,
quanto mais o Pai que está no céu dará
o Espírito Santo a quem o pedir! "
Lucas 11:13

Então Pedro e João lhes impuseram as mãos,
e eles receberam o Espírito Santo.
Atos 8:17

Chegando o dia de Pentecoste,
estavam todos reunidos num só lugar.
De repente veio do céu um som,
como de um vento muito forte,
e encheu toda a casa na qual estavam assentados.
E viram o que parecia línguas de fogo,
que se separaram e pousaram sobre cada um deles.
Todos ficaram cheios do Espírito Santo
e começaram a falar noutras línguas,
conforme o Espírito os capacitava.
Atos 2:1-4

Um certo dia, eu pude vivenciar esta tal experiência espiritual e desde então este dia tudo mudou!

Eu não quero entrar em detalhes como fui batizado com o Espírito Santo, como aconteceu e quais as consequências que este batismo resultou em minha vida. Esta é uma experiência particular, a qual irei talvez relatar em uma outra ocasião.

O encher do Espírito Santo diz respeito a uma nova compreensão e uma nova descoberta. Ou seja, coisas que nós nunca vimos ou tinhamos conhecimento, no entanto, de repente, tornam-se claras e finalmente compreensíveis. E foi deste jeito que aconteceu comigo.

Mas quando o Espírito da verdade vier,
ele os guiará a toda a verdade.
Não falará de si mesmo; falará apenas o que ouvir,
e lhes anunciará o que está por vir.
João 16:13

De repente eu fiquei ciente de todos os relatos na Palavra de Deus, todas as promessas e as declarações que Jesus fez por nós – ou seja, por mim (!) e também do caro preço que Ele pagou na cruz – tudo isto estava disponível para mim. Jesus fez tudo isto por mim! Mas eu não tinha a mínima ideia de como lidar com esta revelação e não sabia como poderia deixar que esta revelação entrasse em minha vida.

Eu então comecei a orar e pedir a Jesus que Ele me explicasse, pois sem a sua ajuda eu correria o risco de jogar esta grande descoberta pela janela.
E ELE ouviu o meu clamor!

Gostaria de esclarecer que a partir de então não comecei a ouvir vozes ou a cair em transe. Porém, eu comecei a ter pensamentos direcionados por Deus, a perceber e entender situações e a interpretar o que a Palavra de Deus quer expressar e revelar nas passagens bíblicas. .

18

As vezes era como se fossem pensamentos repentinos e muitas vezes eu perguntava-me: „de onde veio isto"?

Ou era como se fosse um diálogo ocorrendo dentro do meu interior. Muitas vezes eu sentia-me como se de repente estivesse dentro de uma história da Bíblia, ao lado de Jesus, e pudesse vivenciar tudo bem perto.

Estes pensamentos e percepções estavam diretamente ligados a um senso de suspense, alegria e expectativa. De repente eu entendi o que significa falar com Deus e também como receber uma resposta Dele.

Francamente falando, eu me conheço suficiente para saber aquilo que penso e também como eu penso. Porém, este novo tipo de pensamento e também de revelação vindo do meu interior foi algo totalmente novo e poderoso para mim. Eu sabia que isto era o falar de Deus comigo e também dentro de mim.

O encher-se com o Espírito Santo não foi ensinado na igreja onde eu costumava ir. O falar em novas línguas, manifestações de poder, sinais e maravilhas eram algo que estavam bem claros na Bíblia (logicamente ninguém podia negar, pois está escrito na palavra de Deus), mas existiam explicações suficientes de pessoas que contestavam que hoje em dia isto tudo não vale mais e não é mais necessário. Haviam pessoas que já tiveram uma experiência com o Espírito Santo, mas eu particularmente considerava estas pessoas como „exóticas" e até mesmo suspeitas.

Por isso considero esta experiência com o Espírito Santo o início de uma viagem de fé aventurosa com Jesus e esta viagem transformou a minha vida.

Os primeiros passos

A primeira coisa que Deus me esclareceu foi algo tão tão simples e fácil:

„ Creia na minha palavra e ela irá liberar o seu poder"

A minha resposta a ELE foi: „desde a minha infância eu aprendi muito sobre a tua palavra e eu creio nela"
ELE me disse: (da forma que descrevi anteriormente)
„sim você tem muito conhecimento, porém existem coisas que você realmente não acredita e somente diz que sim, sem realmente entender. Você pensa que é fé, mas não é. Ter fé significa confiar naquele que fez a promessa e também agir de acordo com a palavra recebida, como se esta promessa já tivesse acontecida."

Esta palavra foi como um banho de água fria. No entanto, eu sabia que „ELE tem razão"

Muitas vezes eu não agia de acordo com a Palavra de Deus. Eu era como um tipo de „carregador de dúvidas a respeito do Reino", inventava motivos que somente apoiavam o meu comportamento ou a minha passividade. Eu gostava de usar frases e expressões de fé como por exemplo „ isto não funciona mais nos nossos dias" ou „você não pode esperar isto de Deus", „você não pode impor aquilo que Deus deve fazer", „deixa de ser fanático" e outros exemplos. E em muitos casos eu simplesmente não entendia nada.

Esta nova descoberta ou, melhor dizendo, revelação me levou a um certo dilema. A única saída que me restou foi admitir o meu conflito perante a Jesus e perguntar a Ele o que eu deveria fazer

Jesus me mostrou na Bíblia algumas passagens que falavam a respeito do „falar" e também de um entendimento referente a autoridade através da fé.

20

Claro, o entendimento sobre o poder da autoridade não era nada de novo ou estranho para mim, pois tanto estudei quanto acumulei anos de experiência como um policial.

Quando eu estava vestido com o meu uniforme de policial, dava um sinal para um caminhão de 40-tonéis e ele obedientemente seguia o meu sinal.

Não foi porque eu sou grande ou transmito um senso de temor as pessoas. Nem pela minha beleza. O motorista do caminhão para porque ele aprendeu a respeitar os comandos e os sinais que vem de uma pessoa de autoridade. (bem, nos melhores casos!). Ele ver por exemplo o meu uniforme, meu chapéu de policial, o carro de polícia ...

Existe até mesmo uma passagem na Bíblia que exatamente fala sobre isto:

Entrando Jesus em Cafarnaum, dirigiu-se a ele um centurião,
pedindo-lhe ajuda.
E disse: "Senhor, meu servo está em casa, paralítico,
em terrível sofrimento".
Jesus lhe disse: "Eu irei curá-lo".
Respondeu o centurião: "Senhor,
não mereço receber-te debaixo do meu teto.
Mas dize apenas uma palavra, e o meu servo será curado.
Pois eu também sou homem sujeito à autoridade,
com soldados sob o meu comando.
Digo a um: 'Vá', e ele vai;
e a outro: 'Venha', e ele vem.
Digo a meu servo: 'Faça isto', e ele faz".
Ao ouvir isso, Jesus admirou-se e disse aos que o seguiam:
"Digo-lhes a verdade:
Não encontrei em Israel ninguém com tamanha fé.
Mateus 8:5-10

Então Jesus disse ao centurião:
"Vá! Como você creu, assim lhe acontecerá! "
Na mesma hora o seu servo foi curado.
Mateus 8:13

Nossa! – finalmente eu entendi. De repente eu comecei a ler mais passagens da Bíblia as quais me ajudaram a entender o contexto global do que significa ter autoridade através da fé.

Jesus saiu da sinagoga e foi à casa de Simão.
A sogra de Simão estava com febre alta,
e pediram a Jesus que fizesse algo por ela.
Estando ele em pé junto dela,
inclinou-se e repreendeu a febre, que a deixou.
Ela se levantou imediatamente e passou a servi-los.
Lucas 4:38 + 39

Eu lhes asseguro que se alguém disser a este monte:
'Levante-se e atire-se no mar',
e não duvidar em seu coração,
mas crer que acontecerá o que diz,
assim lhe será feito.
Marcos 11:23

Ler estes versículos me ajudaram a dar um desfecho a este tema. A partir de então, eu sabia o que eu deveria fazer:

A minha alergia era a minha montanha!
Eu tinha que falar para esta montanha em autoridade !!
Eu poderia crer e descansar
porque o meu Pai nos céus prometeu-me
e Ele também deixou tudo escrito em sua palavra!!!
Através da fé eu tinha autoridade sobre esta montanha
Eu tinha que me erguer e começar a ser ativo
e não mais passivo!!!!

22

Tomando passos para poder agir

O período do florescer da grama veio e com ele também a hora da minha prova.

Logo nos primeiros sinais de coceira nos olhos, eu coloquei as minhas mãos sobre os meus olhos e comandei usando as seguintes palavras:

> „ Em nome de Jesus, alergia ao feno desapareça,
> coceira pare agora! „

O que você acha que aconteceu?
A coceira nos olhos desapareceu imediatamente, no entanto ela passou para o nariz. Isto foi algo que nunca tinha vivenciado antes. De repente senti como se o meu nariz fosse uma cachoeira. Mesmo assim, eu não me deixei desencorajar, pois eu já tinha dado os primeiros passos e eu nunca fui o tipo de pessoa que desiste no meio do caminho. Por isso, decidi continuar. Resistência e perseverança eram algo que eu tinha que ter para poder superar esta prova.
Eu coloquei as minhas mãos no meu nariz e novamente dei um comando:

> „ Em nome de Jesus, alergia ao feno desapareça.
> Nariz, pare de coçar e de escorrer! „

Prontamente o nariz parou de escorrer, mas do nariz a alergia foi para a laringe.
Então utilizei o mesmo procedimento:

> „Laringe – pare agora de coçar.
> Alergia ao feno, desapareça agora em nome de Jesus„

Imediatamente todos os sintomas desapareceram

Quem pensa agora que depois disto o problema estava resolvido está enganado.
Eu não fui o herói da fé como eu imaginava ser. A batalha não estava vencida depois de uma só tentativa!

O processo, de repente, começou novamente. Os olhos começaram a coçar e a lacrimejar – eu coloquei então a minha mão sobre os meus olhos e ordenei em nome de Jesus. Daí vieram os sintomas na devida sequência: nariz – laringe – olhos – nariz e assim por diante.

Eu decidi não desistir, mas confiar fielmente na palavra de Deus. De repente tive uma impressão como se eu estivesse em uma „queda de braço" espiritual. Não importa se a minha luta fosse contra a alergia, pois eu sempre fui muito bom em queda de braço.

A minha luta contra a alergia durou aproximadamente uma hora. Graças a Deus ninguém me viu neste estado, pois eu estava sozinho em casa. Eu me senti como se fosse um tolo.

Depois de aproximadamente uma hora, eu tive um momento de paz até o final do dia. A alergia se retirou de fininho, no entanto ela voltou no outro dia com mais força. Desta vez, a alergia trouxe alguns camaradas consigo.

No entanto, eu estava me sentindo ainda mais forte na fé e daí então comecei novamente a luta de „quebra de braço".

O tempo da confrontação, ou seja dos sintomas, foram a cada momento diminuindo e a vitória estava se aproximando rapidamente.

E desta forma a alergia permaneceu aproximadamente uma semana e depois deste período ela desapareceu por completo.

Eu nunca tinha vivenciado isto antes. Aleluia! Eu estava aliviado e me senti como se literalmente estivesse nas nuvens.

Eu reconheci que tudo isto se tratava de uma dimensão espiritual que estava marcando a minha vida. De repente eu percebi, que existia muito mais por trás desta dimensão - coisas e fatos que eu ainda não estava consciente.

De repente, eu pude ver a Bíblia como um instrumento usado por Deus a fim de realizar e concretizar a sua vontade.

Agora eu quero exatamente saber

Voltei ao trabalho completamente alegre, sem dores e feliz com a vida. Meus colegas de trabalho planejaram durante a minha ausência uma excursão em grupo (um tipo de lazer com colegas de trabalho).
Um dos meus colegas de trabalho teve a maravilhosa ideia de fazer um passeio de bicicleta pela região onde moro. Houve também uma ou duas outras opções em questão.
Assim que voltei para o trabalho, os meus colegas sugeriram fazer uma votação com as sugestões que tínhamos.
Todas as sugestões exceto o passeio de bicicleta foram eliminadas, pois quase todos votaram para o passeio de bicicleta.
Digo quase todos, porque houve uma voz que votou contra este passeio de bicicleta e esta voz foi a minha.

Tive que me render á democracia. Eu não disse mais nada em relação a minha decisão. Eu não queria ser um „desmancha prazer" para os meus colegas e também pensei: „ah, é melhor você ficar em casa, pois não está sendo forçado a passar por isso".
O dia estava se aproximando e eu não tinha até então revelado a ninguém sobre o meu propósito secreto. No entanto, Jesus deu-se conta da minha intenção e Ele me abordou com a pergunta :

„Você não combateu de forma vitoriosa a alergia?
Por que você não faz parte do passeio"?

Como uma pistola, eu respondi: „eu não quero sobrecarregar o meu sistema imunológico depois de ter vencido esta luta de forma gloriosa, pois o meu corpo precisa de repouso.
Além disto, não é bom exagerar"

Com este argumento eu me senti esperto e pensei que Deus ficaria até impressionado se eu citasse alguns versículos bíblicos. Fazendo isto ele poderia pelo menos ver que eu conhecia a Bíblia. E eu até acrescentei e disse „e além disso a tua palavra diz, que nós não devemos colocar o nosso Deus a prova".

25

Esta palavra parecia correta, flexível e também até convincente. Este argumento era algo que ELE não poderia negar, pensei eu. Neste momento, eu me senti bem e tive a impressão de ter feito tudo certo.

Pensava eu.

Jesus depois disto não falou mais nada.

Um dia estava lendo a Bíblia, quando de repente um versículo bíblico pulou em cima de mim como se fosse um leão faminto:

Assim como o corpo sem espírito está morto,
também a fé sem obras está morta.
Tiago 2:26

Pronto! Jesus me pegou mais uma vez de surpresa. Imediatamente eu soube o que Ele queria dizer e o que esta palavra significava para min. Por um lado, Ele falou muito claro e simples. Porém, por outro lado, eu pensei que tinha um trunfo escondido na minha manga.

Através desta palavra, ELE me explicou de forma muito clara que a fé se manifesta no momento em que nós a praticamos.

Eu tinha que ser ativo a fim de mostrar a todos a minha posição perante a fé – ou seja, perante aquilo que eu realmente creio e aquilo que eu conquistei:

Isto significa:
- a mim mesmo
- as pessoas que sabiam da situação
- a Deus
- ao Diabo, o qual me causou o problema
- e em fim, a alergia

Eu agora tinha que mostrar, que a fé é muito mais do que uma teoria ou uma teologia. Eu tinha que comprovar que a fé através da Palavra de Deus funciona hoje da mesma forma que funcionou no tempo de Jesus e até mesmo antes, pois falamos sobre um tipo de fé ativa e prática com resultados visíveis e positivos.

O passeio de bicicleta

Chegou então o momento do passeio de bicicleta. Um dia maravilhoso, as flores cobriam a grama em uma imensidão que os olhos quase não podiam mais enxergar.
À minha volta existiam todo tipo de coisas que poderiam me atacar. E a minha impressão era que o pólen vindo da grama só tinha um objetivo principal: a minha mucosa!

Eu pensei: Mamma Mia! Isto não foi um passeio de bicicleta, mas sim uma tortura na bicicleta!
Mesmo assim eu senti que o Espírito Santo estava ao meu lado, pois ele sempre me encorajava e também me motivava. Eu passei o dia inteiro lutando com o meu pensamento, e quando ninguém percebia, também falava uma palavra silenciosa que Deus tinha me dado para aquele dia.

Certamente ele(Jesus) tomou sobre si as nossas enfermidades
e sobre si levou as nossas doenças,
contudo nós o consideramos castigado por Deus,
por ele atingido e afligido.
Mas ele foi transpassado por causa das nossas transgressões,
foi esmagado por causa de nossas iniqüidades;
o castigo que nos trouxe paz estava sobre ele,
e pelas suas feridas fomos curados.
Isaías 53:4 + 5

Usem o capacete da salvação e a espada do Espírito,
que é a Palavra de Deus.
Efésios 6:17

O Espírito Santo trouxe vida a esta palavra e então eu pude sentir o poder e a verdade nestas palavras. Além disso, Ele disse-me: "aceite esta palavra de forma pessoal", ou seja proclame esta palavra usando o EU. Esta palavra é a sua espada contra qualquer tipo de ataque.

Baseado nesta palavra profética, eu citei uma passagem muito conhecida em Isaías 53 e Efésios 6, incluindo-me nele:

Certamente ele tomou sobre si as MINHAS enfermidades
e sobre si levou as MINHAS doenças,
contudo nós o consideramos castigado por Deus,
por ele atingido e afligido.
Mas ele foi transpassado por causa das MINHAS transgressões,
foi esmagado por causa de MINHAS iniqüidades;
o castigo que ME trouxe paz estava sobre ele,
e pelas suas feridas FUI curado.
Isaías 53:4 + 5

EU uso o capacete da salvação e a MINHA espada do Espírito,
que é a Palavra de Deus.
Efésios 6:17

Os olhos coçavam, o pólen causava cócegas no nariz….
mas eles não tinham chance contra mim.
Eu fiquei de pé e completamente revestido da palavra que Deus me deu.
A noite, enquanto estava a caminho de casa, estava convencido que:
Tudo estava consumado.
A vitória podia ser vista a olho nu: livre de todo tipo de sintomas!
Glórias a Deus!

Desde então, ou seja há mais de 30 anos (!), a alergia ao feno nunca mais veio me perturbar.

Tudo que posso dizer é:

Que bom -
Obrigado Jesus!
A Ti pertence toda a honra!

Que um dia o sol não te queime

Férias na neve – Que prazer

Eu quero contar a você mais uma situação para mostrar o poder da Palavra de Deus. Esta situação me deu uma grande motivação e através dela pude aprender muitas coisas.

Antes disto, quero explicar duas palavras bíblicas de muita importância:
Estas duas palavras são „Logos" e „Rhema"
Já que este livro não é um livro-didático, mas relatos de testemunhos vivenciados com Deus através da ajuda do Espírito Santo, vou então resumir ao máximo possível.

Para mim o significado da palavra grega „Logos" é a Palavra de Deus no sentido geral. Ou seja, „Logos" significa a completa Bíblia. Você pode ler a bíblia como um livro comum ou como se ela fosse um jornal – desta forma, você não irá ter nenhuma experiência com a Palavra de Deus. No entanto, você tem a possibilidade de aceitar a Palavra de Deus como a fonte da verdade e assim tomar posse das bençãos para sua vida.

A palavra „Rhema" significa para mim:
- uma Palavra de Deus de forma particular
- em um tempo preparado (determinado)
- para uma situação específica
- predestinado pelo Espírito Santo

Existem situações as quais Deus quer nos dar uma palavra específica para nos capacitar a enfrentar uma situação. Lembre-se do passeio de bicicleta – eu recebi da parte do Senhor duas palavras específicas, a fim de que eu pudesse me defender contra o ataque da alergia e para que eu possa ter a completa vitória sobre ela. Isto é o que significa "Rhema".
Há vários livros bons sobre este tema, por isso você não precisa nenhum livro sobre este tema da minha parte.

Andra e eu viajamos com amigos para esquiar na Áustria. Fomos para uma vila chamada Sölden, numa região chamada Ötztal. O campo de esqui chamava-se Hochsölden e a altitude era de 3300 m. O clima estava maravilhoso: céu azul e ensolarado e a paisagem de neve como em um livro de contos.

O que mais eu poderia querer perante tal espetáculo da natureza?

Colocamos creme solar no rosto, mas não muito. Também não utilizamos um protetor de rosto com fator solar muito alto. A final, queríamos ficar bronzeados e assim deixar os outros „brancos de inveja".

Subimos então para a pista com a intenção de aproveitar o dia. Queríamos aproveitar o dia inteiro sem perder nenhum momento. O final do dia veio e com ele também a queimadura de sol. A queimadura era de alto grau. O rosto inteiro estava a queimar como fogo, todo vermelho, bolhas de queimadura em todo o rosto – eu não podia nem mesmo tocar no meu próprio rosto.

Ok, final das férias, eu pensei. Um dia cheio de divertimento e daí logo em seguida o desastre. Infelizmente o passe de esqui e a pensão já estavam pagos por uma semana completa.

Os outros não tinham absolutamente nada – seja qual for o motivo, o único que tinha um problema era eu. Passei a noite toda colocando creme no rosto e, enquanto isto, eu orava e clamava por um milagre. Nada! Nenhuma mudança. Somente dor e um rosto que parecia um balão vermelho. Logicamente passei a noite sem poder dormir, pois eu não encontrei uma posição confortável para colocar minha cabeça na cama.

O perfeito desastre estava completo e acima de tudo, eu me sentia plenamente desorientado.

Não tinha ainda amanhecido e eu já estava angustiado!

Eu não tinha a mínima ideia sobre o que eu deveria fazer e não queria estragar as férias dos outros.
Como era de praxe, passei um tempo na presença do Senhor, orando e lendo a bíblia antes do café da manhã. Jesus ouviu o meu clamor e ele veio a estar comigo em Ötztal, para falar e me ajudar.

„Para que o sol do dia não te queime"

Este pensamento veio de repente e não mais me largou.
Várias vezes esta frase veio a minha mente. Parecia que já tinha ouvido esta palavra antes, mas eu não conseguia captar a mensagem. Daí então perguntei a Jesus: "de onde eu conheço esta frase?"
ELE me disse, que esta frase faz parte de um Salmos da Bíblia. Um Salmos que eu conhecia muito bem.
Eu até mesmo tinha escrito uma canção baseada neste Salmos e que também na minha Bíblia ainda poderia ver-se os acordes do violão que eu tinha escrito.
Ah, ok - é por isso que esta frase me lembrava de algo que eu já conhecia. Jesus tinha - como sempre - razão.

Aproveitando esta oportunidade, gostaria de mencionar que na minha juventude, eu gostava muito de tocar violão e de compor canções com textos bíblicos e textos falando sobre a fé. E até hoje ainda faço isto. Tenho prazer de escrever canções de como Jesus é tremendo e que ele ainda opera milagres nos nossos dias. Gosto também de escrever canções de louvor e adoração.

Assim que lembrei-me do texto, comecei a procurar o Salmos na minha Bíblia, o qual deveria estar repleto de acordes de violão. Os acordes eram o destaque para a minha procura. Fiquei muito feliz em ter comigo a minha Bíblia velha, pequena e com tradução do Martinho Lutero. Esta Bíblia foi um presente dos meus pais em comemoração ao meu batismo, no ano de 1970. Esta Bíblia me acompanha para todos os lugares. Nesta Bíblia eu até faço notificações e indicações referentes a alguns versos bíblicos.

Meus pais escreveram nesta Bíblia uma linda dedicatória:

„Para o nosso querido Günther,
para uma utilização de forma abençoada - Desejamos a você.
Seus pais.
Em lembrança do seu batismo
no dia 06 de Dezembro de 1970"

E foi exatamente isto que aconteceu!
O Salmos 121 sorriu para mim

Sol maior - Mi menor - Dó maior - Ré maior.

Levanto os meus olhos para os montes
e pergunto: De onde me vem o socorro?
O meu socorro vem do Senhor,
que fez os céus e a terra.
Ele não permitirá que você tropece;
o seu protetor se manterá alerta,
sim, o protetor de Israel não dormirá,
ele está sempre alerta!
O Senhor é o seu protetor;
como sombra que o protege,
ele está à sua direita.
De dia o sol não o ferirá,
nem a lua, de noite.
O Senhor o protegerá de todo o mal,
protegerá a sua vida.
O Senhor protegerá a sua saída e a sua chegada,
desde agora e para sempre.
Salmos 121

Que palavra! Esta veio quebrando todas as barreiras. A partir de então, este Salmos foi considerado o Salmos do esquiador. Olhos fixados nos montes; não deixará vacilar os teus pés; Ele te guardará de todo o mal.

A princípio nada mais poderia de mal me acontecer. Eu nunca tinha lido este Salmos desta forma.

Até que então veio a frase

"O sol não te molestará de dia nem a lua de noite."

Bem, pra falar a verdade, a parte da lua que brilha a noite não me interessou muito, mas o que mais me chamou a atenção foi a parte do sol e da molesta. Esta parte do versículo estava falando da situação que eu estava passando. Foi óbvio que o escritor do Salmos não estava falando sobre passeios de esqui.
É claro - como, onde e por quê?

Então percebi que o segredo do Salmos deveria estar em outro lugar. Enquanto eu estava refletindo sobre esta palavra, me veio, na minha mente, a voz doce, suave e inconfundível do meu Senhor.

„Esta palavra é para você neste dia que você escolheu para esquiar.
Vá com os outros e eleve esta palavra como uma bandeira.
O sol não irá te fazer nada"

Esta palavra foi um sucesso. O sol não irá me fazer nada. Parecia estar a ouvir uma piada, pois neste momento o meu coração realmente não conseguia acreditar. Isto nunca aconteceu.

Entretanto, eu conhecia a voz de Jesus e eu confiava mais nela do que em qualquer tipo de lei natural, biológica, física ou mesmo boas opiniões e sugestões. Não quero dizer que tudo isto não são coisas importantes, mas aprendi que a Palavra de Deus e o falar do Espírito Santo são muito mais importantes.

Além disso, eu nunca esqueci da minha batalha contra a alergia. Como poderia esquecer de tal coisa? Esta foi uma experiência tão fascinante como eficaz.

O protetor solar ou a Palavra de Deus

Já estava praticamente pronto para ir a pista. O equipamento pronto e o rosto já todo protegido com o protetor solar...
Um momento, assim não! Eu parei um pouco e pensei a sério. Se eu me proteger bem com creme e à noite eu perceber que já está tudo bem, então eu não irei saber o que foi que me ajudou.

O protetor solar ou a Palavra de Deus

Agora eu estava perante a uma grande decisão. Ou vai ou racha. Deus ou o creme. Vitória ou derrota.

Eu corri para o meu quarto enquanto os outros ficaram esperando no carro. Eu limpei todo o meu rosto com sabonete e me certifiquei de que todo resto de creme tinha sumido.
Pronto - agora eu estava satisfeito.
Quanto me vi no espelho, eu tomei um susto comigo mesmo, pois eu reconheci o rosto vermelho que eu estava vendo. E este próprio rosto gritava comigo as seguintes palavras:

Você ficou completamente louco foi?
Você irá se queimar de forma que não achará saída.
Você é um irresponsável.
Você vai para em um hospital.
É melhor você ficar em casa!

Eu parei por um momento. De repente, comecei a ver a minha atitude como se fosse realmente a de um louco. O tempo estava se esgotando e eu não sabia mais o que fazer. Devagarzinho, como se fosse em câmara lenta, fui transportado para uma história no antigo testamento.
Três homens, os quais rejeitaram se prostrar perante a um falso deus, foram condenados a ser jogados numa fornalha. A completa versão desta história maravilhosa se encontra no antigo testamento, no livro de Daniel, capítulo 3, versículos de 1 ao 30. Recomendo a leitura desta história.

A frase que se tornou uma chave e ao mesmo tempo uma confirmação para mim foi:

Se formos atirados na fornalha em chamas,
o Deus a quem prestamos culto pode livrar-nos,
e ele nos livrará das suas mãos, ó rei.
Daniel 3:17

Neste caso, a fornalha ardente era exatamente eu. Eu estava ciente de como a história termina. O fogo não conseguiu queimar os três jovens porque Jesus estava no meio deles para os proteger. Esta palavra serviu para mim como uma grande confirmação.
Então eu olhei no espelho e disse: Adeus! Depois fui até o carro.

Tivemos mais um dia grandioso. Um dia extraordinário, mas também um dos dias mais desafiantes da minha vida. Subimos aproximadamente 3000 metros de altitude, mais próximo ao sol e também mais perto ao meu desafio. A minha vida estava literalmente em completa dependência à Palavra de Deus.

Meus pensamentos estavam a mil por hora. E se você se equivocou? E se tudo isso foi somente uma ilusão? Como uma confirmação, eu senti o sol queimando o meu rosto. A guerra tinha acabado de ser declarada. A batalha estava em ação. Eu me sentia como um guerreiro entre dois Senhores.

O exército branco me motivava e dizia:
- a Palavra de Deus é a verdade
- persevere
- não se deixe enganar
- nem todos os pensamentos são falsos, mas a Palavra de Deus é sempre correta
- a vitória pertence a você
- nada é impossível para aquele que crer
- ...

Enquanto isto, o exército negro atacava:
- Você está louco
- As leis da física são eternas e imutáveis
- Pense nas consequências
- Quem você pensa que és? Pensa que pode desafiar a natureza?
- Você vai sofrer muito
- …

Esta batalha durou o dia inteiro. No entanto, sentia-me mais ousado, pois decidi segurar-me na Palavra de Deus que tinha sido revelada a mim e que servia como um guarda-sol invisível sobre a minha vida. Esta temática foi muito parecida com a alergia ao feno que tive, somente que o grau de intensidade agora era muito maior. Eu olhei para o sol e o desafiei dizendo: hei, você está ciente de que não tens o direito de me queimar? A Palavra de Deus te proíbe de fazer tal coisa! Confesso que fui audacioso e talvez até um pouco atrevido e impulsivo.

E tudo isto ocorreu a 3000 metros de altura com muito sol, luz ultravioleta e reflexos causados pela neve.

O dia dedicado ao esqui estava chegando ao fim e eu estava alcançando os meus limites.
No entanto sabia que a batalha estava já chegando ao fim – mas tinha certeza que terminaria esta batalha como um vencedor. A noite, tanto eu quanto os outros podiam perceber que o meu rosto não estava mais vermelho e nem inchado, mas completamente normal. O sol não pode me ferir. Ao contrário, embora sob intensa irradiação solar, o meu rosto tinha sido curado.

Quando eu me vi no espelho à noite, pude ver um rosto que sempre estava acostumado a ver. Um rosto feliz, satisfeito, vencedor e então aproveitei o momento para dizer:

**Este é o rosto de um verdadeiro vencedor –
Tenha uma boa noite!**

A fé em Jesus e na sua palavra viva e poderosa venceu mais uma vez. Foi um tipo de experiência que com certeza serviu de grande influência para toda a minha vida.

Não é a minha palavra como o fogo, pergunta o Senhor,
e como um martelo que despedaça a rocha?
Jeremias 23:29

O céu e a terra passarão,
mas as minhas palavras jamais passarão.
Marcos 13:31

A tua palavra é lâmpada que ilumina os meus passos
e luz que clareia o meu caminho
Salmos 119:105

A Palavra de Deus é a verdade e ela é merecedora de toda a nossa confiança. A Palavra de Deus tem o poder para superar todos os obstáculos e ela irá prevalecer até o fim dos tempos. A Palavra de Deus irá sempre prevalecer mesmo quando a palavra dos homens, que se dizem sábios, ou a palavra vindo de diferentes religiões ou até mesmo a palavra seja de quem for não surtirá mais efeito.
Por quê ?
Porque Jesus em pessoa é a Palavra de Deus.

Em relação a Palavra de Deus, você pode tentar teorizar, desfolhar, intitular como se não fosse a verdade, questionar, complicar, etc. Porém, tudo isto não vai mudar nem a essência e nem o conteúdo da verdade.

Eu tomei a decisão de confiar completamente na Palavra de Deus, mesmo quando houver coisas ou fatos que talvez não entendo, ou quando existirem perguntas que não tenho a resposta, ou também quando houver pessoas que venham com argumentos que parecem tão certos, mas que talvez não esteja de acordo com a Palavra de Deus. Enfim, os meus sentimentos não devem tomar nenhuma decisão se não estiver de acordo com Palavra de Deus.

Riscos e efeitos colaterais

Eu gostaria de advertir a você que não deves copiar a experiência que eu vivenciei.

Esta foi uma palavra muito clara, em um momento determinado e em uma situação específica **para mim**.
Foi uma palavra Rhema (falar de Deus) muito claro **para mim**!

O que significa isto?
„A fim de saber sobre os riscos e efeitos colaterais, simplesmente leia a Palavra de Deus ou pergunte ao Espírito Santo"

É necessário que você tenha a sua própria experiência com Jesus, pois é ELE que te direciona no caminho da fé. Você irá vivenciar milagres e maravilhas se fizeres isto. Eu prometo. Porém, por favor não copie a experiência que eu próprio tive com o Senhor Jesus. A experiência, a luta e a vitória foram minhas e eu desejo somente compartilhá-las para que saibas que:

A Palavra de Deus é ainda válida e poderosa.
Vale a pena buscar mais do Senhor Jesus.
Comece a dar os primeiros passos, pois ELE está a sua espera.
Diga a todo tipo de aventura: já estou a caminho.

Confie em Jesus e na sua palavra. Comece a se dedicar mais à leitura da Palavra de Deus. Leia sobre os milagres que Jesus e os seus discípulos fizeram e também a forma como eles operaram os milagres.

Procure o contato com crentes que já vivem pela fé e que também já receberam alguma cura.
Por favor não procure contato com pessoas que ouviram de outras pessoas que foram curadas. Nem também pessoas que para tudo têm uma explicação, no entanto entanto nunca vivenciaram nas suas próprias vidas nem o poder da cura e nem um milagre.

Isto tudo é um processo pessoal de crescimento, no entanto este processo é tremendo e de muito valor. Deus não trabalha com métodos, mas ele utiliza diferentes tipos de possibilidades. Deus não é religioso, ele te ama muito e quer trabalhar com você. No entanto, ele também respeita a sua personalidade, pois ELE deu a cada pessoa uma personalidade e um caráter único.

Os próximos relatos de cura e as outras obras de Deus talvez irão te:
– Surpreender
– Deixar de boca aberta
– Entusiasmar
– Mexer
– Despertar
– Motivar

Talvez você terá a tendência de julgar uma situação como insignificante, no entanto saiba que todo problema é grande para as pessoas que no momento têm dores ou que estão vivenciando um problema. Nós todos ficamos agradecidos quando a dor e os problemas desaparecem, não é verdade?

Todos os relatos são para honra de Deus e mostram o atuar de Jesus nos nossos dias, como eu passo a passo cresci na fé, como aprendi a tomar posse da autoridade que me foi dada e também como as curas se multiplicaram.

No início eu falei que eu ou Andra contaríamos as nossas experiências (relatos) ou outras pessoas falariam daquilo que elas vivenciaram. Neste caso, eu escrevi estes relatos deixando-os na primeira pessoa , ou seja "Eu".

Logo no cabeçalho, você irá perceber quando os relatos foram contados por outras pessoas e não por mim e Andra.

Agora, apertem os cintos – segurem-se bem – vamos avante!

Este espaço serve para você tomar notas daquilo que te chamou atenção até aqui e também para que possa se aprofundar mais.

Relatos de cura – Parte 1

Adeus a dor de ombros
Cura de uma distensão dolorosa no ombro

Um estudante de 16 anos relata:
Eu caí por cima do meu ombro direito quando estava na escola. Desde então, eu tinha dificuldade de mover o meu ombro, pois a dor era enorme. Neste mesmo dia, estive a noite na escola bíblica da igreja Jesus Gemeinde em Bamberg e no final do estudo, pedi ao pastor que ele orasse pelo meu ombro. Primeiramente, eu não queria ir ao médico, pois eu cria que Jesus iria curar-me.
Logo depois da oração, eu percebi que a dor tinha quase ido embora, pois eu podia mover o meu braço sem grandes problemas. Eu fui para casa com o coração cheio de esperança e tomei posse da palavra que me disse que eu deveria continuar movendo o braço até que a dor desapareça por completo.

O mover de Jesus ainda não tinha acabado por completo, pois tudo aquilo que ELE começa, ELE termina.

E aconteceu exatamente desta forma. Depois de alguns dias, as dores desapareceram por completo e o ombro voltou a funcionar perfeitamente bem.

Os olhos têm a função de ver!
A bondade de Deus vai além da nossa idade

Uma vovó (80 anos) relata:

Eu estava trabalhando na cozinha, quando de repente eu senti como se um véu estivesse cobrindo o meu olho direito e eu quase não pude mais ver. Eu somente conseguia ver a claridade através de uma fresta.

Fui então ao oculista, o qual me disse que não havia mais o que fazer e que eu tinha que viver com o fato de que eu iria brevemente perder a minha visão.

Eu mantive a calma e não deixei que este diagnóstico me abalasse, pois eu vivo há muitos anos com Jesus e o conheço bem como o meu Salvador. Eu confiei completamente na sua bondade e na sua graça e por isso resolvi orar pela cura dos meus olhos.

Quando estive na igreja, eu resolvi juntamente com outros irmãos fazer um clamor pelo meu olho e ordenar a cegueira que ela desapareçesse em nome de Jesus.

Alguns dias depois, percebi que a minha visão estava a cada dia que se passava voltando ao normal. Por isso, eu resolvi ir ao oftalmologista para que ele fizesse um exame de visão. Durante o exame, somente a última linha, a que geralmente é bem pequena, não pude ler, mas quem sabe algum dia eu não consigo fazer tal coisa.

A verdade é que o véu foi tirado dos meus olhos e não mais voltou.

Eu glorifico o nome de Deus por esta cura.

30 anos andando torta!

Cura de uma distorção na coluna vertebral

Mais uma senhora idosa e querida:
30 anos atrás, enquanto eu ainda estava trabalhando, eu subi em um tamborete para poder alcançar algo perto da chaminé. Enquanto eu estava subindo no tamborete, eu escorreguei e bati de lado no piso de cimento. Depois desta queda, eu tive muita dor e ao decorrer dos meses eu percebi que a minha coluna tinha sido deslocada e que eu estava começando a andar de forma curva. Desde então, não consegui mais me livrar das sequelas da queda e por isso tive que praticamente viver com esta situação por 30 anos.

Durante um culto carismático, teve um momento em que o Espírito Santo se movia de forma tremenda. O Poder de Deus me tocou e senti que Jesus começou a trabalhar no meu interior. De repente, comecei a pular de cima para baixo, sem muito entender o que estava acontecendo. Uma senhora idosa como eu não podia se comportar desta forma nos cultos. No entanto, eu sabia que tudo o que estava acontecendo era o mover de Jesus, por isso eu não quis o impedir.

Depois de alguns dias, para a minha surpresa, eu percebi que a deslocação da minha coluna tinha desaparecido e eu podia finalmente ficar em pé de forma reta e sem nenhuma dor. Foi algo estranho, mas ao mesmo foi um alívio, poder ficar em pé e com a coluna reta depois de andar curvada por 30 anos.

Eu pude vivenciar mesmo com a minha idade avançada, o poder de cura de Deus, através de uma forma que muitos diriam incomum.

Graças a Deus que a idade não é de forma alguma um obstáculo que impeça Jesus de operar.

Curada de um rompimento no tendão do dedo.

A cirurgia de repente se tornou desnecessária.

Uma jovem relata:

Na minha vizinhança, eu fui atacada e ferida na mão por um jovem que estava embriagado. Eu não podia mais mover o meu dedo anelar. Por isso, eu resolvi ir ao médico, o qual depois de uma exame profundo, constatou que o tendão do meu dedo tinha se rompido e que eu precisava de uma cirurgia para que o dedo não ficasse duro. Antes da cirurgia, eu teria que esperar que o inchaço no dedo desaparecesse. Enquanto isto, os médicos colocaram um curativo no meu dedo.

Durante o culto, o pastor veio ao mim e perguntou o que tinha acontecido. Eu disse a ele tudo o que tinha ocorrido e então ele orou por mim antes do começo do culto. O Pastor repreendeu o rompimento do tendão e ordenou para que eles se juntassem novamente em nome de Jesus.

Depois de uma semana, eu voltei a igreja sem o curativo, pois o inchaço tinha desaparecido por completo. Não senti mais nenhuma dor no dedo e podia mexer e pegar tudo com o meu dedo sem nenhum problema. Os tendões tinham sido recuperados e os médicos se encontraram perante a um grande mistério.

Um cirurgia seria algo completamente supérfluo, pois Deus me curou.

O sistema imunológico funciona com grande distúrbio, pois ele tentou rejeitar toda a musculatura do corpo, no entanto ele perdeu na batalha contra Jesus.

Relato:

Um domingo de manhã, no dia 04.11.2016, um homem , que faz parte da nossa igreja, com 47 anos de idade foi levado da nossa igreja direto para o hospital.

Ele quase não podia mais se mover, pois não tinha força nos membros do seu corpo. Ele não conseguia mais levantar o seu pé, nem mesmo segurar um copo d´água e nem sequer abrir a tampa de uma garrafa.

Os médicos constataram um distúrbio no seu sistema imunológico. O sistema imunológico de repente começou a trabalhar contra a musculatura do corpo. Todos os músculos estavam inflamados e por isso as dores se tornaram insuportáveis. Os médicos não sabiam a origem deste distúrbio.

A sua esposa compartilhou conosco no culto matinal a situação crítica que o seu marido estava passando. Logo a tarde, Andra e eu fomos ao hospital. Ele então confirmou o diagnóstico dos médicos e disse que só estava esperando os resultados do exame, que estava no laboratório, para que ele pudesse marcar a terapia.

Tudo parecia que ele teria que passar por um tratamento muito forte a base de cortisona, o qual poderia causar efeitos colaterais negativos que iriam influenciar na coordenação motora.

Nós oramos por ele através de imposição de mãos e ordenamos naquele mesmo momento a doença para desaparecer no nome de Jesus. Também tomamos posse da completa recuperação e perfeito funcionamento do sistema imunológico.

Depois de aproximadamente 2 minutos a força dos seus membros começaram a voltar, de tal forma que ele conseguiu perante aos nossos próprios olhos até segurar uma garrafa de água mineral. Ele também conseguiu levantar as pernas e também as cruzou.

Tudo isto eu não conseguia fazer antes da oração.

Glória a Deus.

As dores estavam aos poucos começado a desaparecer, no entanto ele ainda não estava se sentindo completamente bem. A repleta melhora somente veio depois de algumas horas.

No domingo seguinte, ele esteve conosco no culto e relatou que os médicos tinham o mandado para casa porque eles não conseguiam achar mais nenhum tipo de deficiência.

O resultado da análise constou que tudo estava completamente normal. Os médicos não tinham mais palavras para explicar este acontecimento.

Ah! sim, e por sinal logo no sábado seguinte, ele já estava cortando lenha, pois a força nos seus membros tinham voltado 100%.

Jesus é tremendo e em seu nome há poder que elimina todo tipo de doença.

„Oração por cura" ?

A oração por cura é na realidade uma ordem

Quero aproveitar para explicar algo muito importante.
Neste capítulo nós iremos falar sobre a oração por uma cura, pois este termo facilita o entendimento de muitas pessoas.

No entanto, uma oração por cura, não é necessariamente um pedido, mas uma ordem, pois oração significa falar com Deus e também ouvir o que ele diz.
Nós não pedimos por cura, mas nós damos uma ordem ao problema, pois foi assim que Jesus nos ensinou.
Nós ordenamos não a Deus (como poderíamos fazer tal coisa?), mas nós damos uma ordem „aos montes"!

Eu lhes asseguro que se alguém
disser *a este monte:*
'Levante-se e atire-se no mar',
e não duvidar em seu coração,
mas crer que acontecerá o que diz,
assim lhe será feito.
Marcos 11:23

Disse *Pedro: "*
Não tenho prata nem ouro,
mas o que tenho, isto lhe dou.
Em nome de Jesus Cristo, o Nazareno, ande".
Segurando-o pela mão direita, ajudou-o a levantar-se,
e imediatamente os pés e os tornozelos do homem ficaram firmes.
E de um salto pôs-se de pé e começou a andar.
Depois entrou com eles no pátio do templo,
andando, saltando e louvando a Deus.
Atos 3: 6 - 8

Existem na bíblia várias passagens muito parecidas com esta. É importante saber que nestes casos **não** houve oração. Não houve **nenhum** tipo de súplicas ou pedidos direcionados ao Pai celestial. Jesus simplesmente disse: se você não duvidar, mas crer e também disser a este monte (= problema, doença...), ou seja, nós devemos **falar**...!

A oração de Pedro **não** foi: „ ah Jesus que está nos céus, eu sei que tu podes curar. Olhe por favor para este pobre coitado. Tenha misericórdia e faça com que ele fique curado, se o Senhor quiser. "

Não!!!!!!!!!!

Ele falou confiante, entusiasmado e com toda convicção. Ele estava completamente ciente daquilo que Jesus o tinha ensinado. Ele conhecia a vontade de Deus. Ele próprio foi testemunha viva de vários milagres e maravilhas. Para ele não existia dúvida que Jesus cura.
Por isso, ele também deveria agir da mesma forma.

Ele não estava distraído e nem confuso com as seguintes perguntas:
  - Será que esta é a vontade de Deus?
  - Será que a minha missão é aqui e agora?
  - Será que ele ainda esta paralítico porque ele ainda não aprendeu a lição que Deus quis ensinar?
  - O que será, se nada acontecer?
  - Será que nós não iremos ridicularizar o nosso nome e o nome de Jesus em público?

Deixa –me eu te explicar algo.

Uma questão de autoridade

Eu já falei sobre este assunto, enquanto relatei sobre a alergia ao feno e também da aventura com o sol e o esqui.
A questão principal é entender o que a Palavra de Deus explica de forma muito explícita.

> Eu recebi a autoridade de Jesus
> para poder atuar em seu nome.

Isto quer dizer que eu sei o que Jesus quer fazer, quais os recursos que estão à disposição e o que eu sou permitido a fazer ou não.
Isto significa ter um entendimento sobre autoridade e fé, ou seja simplesmente levar Deus a sério, pois foi ELE mesmo que falou e decretou.
Eu atuo literalmente como um representante no nome e também através do poder daquele que me encarregou a fazer algo.

Eu gostaria de ilustrar a questão da autoridade usando como exemplo a minha profissão de policial.
O governo me contratou e me qualificou para que eu possa em seu nome assegurar a paz e a ordem no local onde me foi confiado. O governo investiu muito dinheiro e tempo para me treinar antes que eu fosse atuar como policial na cidade. Eu recebi um cartão de identificação policial, o qual me legitimou e me capacitou para representar a lei. O governo me forneceu tudo o que eu preciso, ou seja, uniforme, arma, veículos de patrulha, computador, papel, o meu salário, etc.

Enquanto eu atuo dentro do campo da autorização que me foi dada, o governo como o meu chefe sempre me dará perfeita cobertura, até mesmo em casos que eu tivesse que ir a justiça. O governo me protege.

Até aqui espero que esteja tudo claro.

Um entendimento errôneo de autoridade seria, se eu por exemplo, ligasse para o Governador por causa de um infrator de trânsito e pedir a ele para se envolver neste caso.

O Governador (neste caso, ele não estaria tão animado) provavelmente iria responder: esta é a sua função e para este tipo de serviço você recebeu autoridade.

É exatamente desta forma que funciona a fé.
Jesus nos deu autoridade para agir em seu nome, para dizer e para decretar sobre todo tipo de problema e doença que eles desapareçam.

Mais dois comprovantes bíblicos.

Depois disso o Senhor designou outros setenta e dois
e os enviou dois a dois, adiante dele,
a todas as cidades
e lugares para onde ele estava prestes a ir...
(O Senhor os designou e os capacitou)
...Curem os doentes que ali houver
e digam-lhes: 'O Reino de Deus
está próximo de vocês'.
Lucas 10:1 + 9

Eu lhes dei autoridade para pisarem sobre cobras e escorpiões,
e sobre todo o poder do inimigo;
nada lhes fará dano.
Lucas 10:19

E foi exatamente desta forma que os discípulos agiram.

- – Eles receberam o chamado,
- – eles receberam autoridade
- – eles deveriam agir em nome de Jesus
- – eles receberam força e poder para atuar
- – e tudo funcionou!

Quando mais eu me aprofundava na palavra, mais eu a entendia e a aplicava na minha vida, e como consequência mais coisas eu via acontecer. Eu podia ver na minha vida um número crescente de milagres e maravilhas.

A minha esposa Andra também estava vivenciando o mesmo.

Nós constantemente somos abordados por pessoas cristãs que querem discutir conosco e questionar se realmente todas as pessoas pelas quais nos oramos foram curadas. O que é que aconteceu com as pessoas que não foram curadas? A nossa resposta à este tipo de pergunta é na maioria das vezes muito simples.

Nós podemos ver milagres acontecer pelos olhos da fé, porque foi assim que Jesus viu

e

No momento nem todas as pessoas são curadas, mas a cada dia que se passa vemos que mais e mais pessoas sendo curadas.
É melhor uma pessoa ser curada do que nenhuma.

O que valerá uma profunda discussão teológica para uma pessoa que no momento está tendo dores? Todo tipo de discussão não irá trazer a esta pessoa nenhum tipo de alívio ou cura. Jesus também passou por este tipo de conflito quando enfrentou os escribas e os fariseus. A forma que Jesus reagiu a este tipo de conflito e discussão foi claro – muito claro. Jesus os praticamente ignorou, virou-se e continuou a curar e a libertar as pessoas.

Existem vários livros que descrevem que não existem mais milagres, que nós não precisamos mais do poder do Espírito Santo, que nem todos os crentes tem um chamado, e muito mais argumentos.
Não tenho a mínima ideia donde estas pessoas foram buscar este tipo de teoria.
A meu ver, de forma muito pessoal, tenho pena do papel que foi usado para imprimir este tipo de livros.

Por isso irei relatar um testemunho tremendo que ocorreu em uma das viagens missionárias na Argentina.

Apertem os cintos e segurem-se, pois iremos continuar a nossa jornada.

Este espaço deixo livre para você poder fazer anotações daquilo que te chamou mais atenção até aqui e para que possa fazer um trabalho de aprofundamento.

Relatos de cura – Parte 2

Curado de paraplegia
Um jovem pula da cadeira de rodas e outros testemunhos de cura

Relato:
Em abril de 2012, Andra e eu estávamos em uma viagem missionária na cidade de La Plata na Argentina. No domingo, dia 29.04.2012, eu preguei em um local chamado Club Atenas, que era um dos maiores ginásios onde a igreja "Un Estilo de Vida" costumava a se reunir para ter os cultos aos domingos. Naquela época, a igreja não tinha mais espaço para acomodar os 2500 membros , sem contar que toda semana costumava vir ainda mais pessoas.

Eu preguei sobre Jesus, da forma que Ele abordava as pessoas e também como Ele as curava. Enquanto eu pregava, eu demonstrei o poder da palavra através da oração e também da ministração a várias pessoas e elas foram prontamente curadas. De repente, eu me encontrei perante a um jovem que estava sentado em uma cadeira de rodas. Ele devia ter entre 16 a 18 anos de idade.

Parei perplexo e me perguntei: e agora!? Meus pensamentos começaram a ficar inquietos e a correr como um carrossel.
Logo agora, um deficiente sentado em cadeira de rodas e sem contar que quase 2000 pessoas estavam olhando para mim cheios de ansiedade, aguardando o que iria acontecer.
Socorro! Deus! Será que não podia vir uma pessoa com uma simples dor de cabeça? No entanto, fé significa agir e confiar. Então, fechei os meus olhos e decidi crer.

Eu perguntei a ele com a ajuda do microfone, para que todos o pudessem ouvir, qual era o seu problema. Ele explicou que ele fazia parte de uma gangue de rua e que se envolveu em um tiroteio. Durante este tiroteio, ele levou 5 balas na sua coluna vertebral causando danos irreparáveis. Neste momento, ele revelou que as balas ainda estavam alojadas na sua coluna.

Do quadril para baixo ele era paraplégico. Ele não conseguia sentir nada nas suas pernas e também não podia se mover nem sequer um milímetro.

Jesus me revelou através de uma palavra em Atos, onde Pedro e João também abordaram e curaram um homem paralítico que estava na porta do templo. Eles deram a este homem as suas mãos e os ajudaram a se levantar. Se você quiser, recomendo ler esta passagem em Atos capítulo 3:1-25.

Baseado nesta ocorrência em Atos, eu tentei fazer o mesmo, no entanto não aconteceu nada. Com a ajuda de 2 pessoas, eu consegui tirar o jovem da cadeira de rodas e colocamos ele então de pé, porém ele não tinha força nas suas pernas. Nós o arrastamos um pouco para o lado, mas logo tivemos que o colocar de volta à cadeira de rodas assim que vimos que não havia nenhuma reação positivas nas suas pernas. O jovem olhou para mim com um rosto radiante e cheio de ânimo.

Eu recebi de Jesus uma palavra profética para este jovem, que dizia que no próximo ano quando voltássemos a Argentina, nós iríamos correr com ele pelo Club Atenas. Ao receber esta palavra, ele ainda continuou a olhar para mim com um rosto radiante, embora que naquele momento ele aparentemente não tinha sido curado.

Eu pensei, ok – vamos ver.

Eu convidei as pessoas a aceitar e a confiar em Jesus . Jesus quer salvar, redimir, perdoar os pecados e dar a cada pessoa a vida eterna. Enquanto eu fazia o chamado às pessoas para aceitar Jesus, fiquei impressionado em ver o jovem sair da sua cadeira de roda, rolando em minha direção com o seu rosto radiante para aceitar Jesus.

Aleluia – uma vida salva é mais valioso do que qualquer tipo de cura.

Eu lhes digo que,
da mesma forma, haverá mais alegria no céu por um pecador
que se arrepende do que por noventa e nove justos
que não precisam arrepender-se.
Lucas 15:7

2 dias depois, nós viajamos para o Brasil. Durante a nossa estadia, nós recebemos um e-mail de La Plata, nos informando que o jovem da cadeira de roda tinha participado do culto no domingo seguinte. Durante o culto, o jovem testemunhou que uma semana depois que eu orei por ele, ele começou a sentir as suas pernas e que ele podia até mesmo levantar a sua perna direita.

A igreja inteira vibrou em grande júbilo o nome de Jesus.

Eu e Andra não tivemos notícias deste jovem até o final do ano. Durante a visita do Pastor da igreja de La Plata, Raul Reyes, a nossa igreja em Bamberg para a conferência "Vem Espírito Santo" ("Komm Heiliger Geist") em 2012, nós perguntamos a ele pelo jovem da cadeira de rodas. O Pastor Raul respondeu como se nada tivesse acontecido que o jovem obviamente podia andar e que ele frequentava a igreja com assiduidade. O corpo do jovem tinha sido completamente restaurado. O Pastor Raul tinha somente esquecido de informar que o jovem tinha sido curado.

Desta vez a nossa igreja em Bamberg vibrou em grande júbilo o poderoso nome de Jesus. O Senhor Jesus não somente salvou este jovem, mas ele o curou completamente.

Um ano depois, nós voltamos a La Plata. Tivemos novamente cultos no Club Atenas. Eu estava já um pouco ansioso para me encontrar com o jovem. Eu estava ciente da promessa que tinha feito e por isso estava preparado. Eu queria fazer uma entrevista em vídeo com este jovem por causa do seu testemunho tremendo. Eu perguntei a multidão pelo jovem e pedi para que eles o trouxessem a mim. Eu não me lembrava mais do rosto dele e nem mesmo do seu nome. Então eu decidi descreve-lo para a multidão, porém ninguém veio ao púlpito. Um rapaz se pronunciou e relatou que ele era um amigo do jovem que tinha sido curado. O jovem, ex-cadeirante, tinha ido para algum lugar e se esqueceu que havia culto. No entanto, ele estava muito bem, pois, ele corria para cá e para lá e também ia com frequência os cultos.

Que pena – eu pensei. Logo hoje ele não veio ao culto,
Eu estava tão feliz e ansioso para vê-lo.

No entanto, eu pensei – Jesus é maravilhoso. 5 balas na coluna
vertebral não são barreiras para o SEU agir.

Todo agradecimento e toda honra pertencem a Jesus por este
tremendo milagre.

Mais relatos de cura

Muitas pessoas foram curadas durante a nossa viagem missionária
no Brasil e na Argentina. Nós pregamos sobre o Reino de Deus, o
SEU amor e a SUA graça. O Espírito Santo nos encaminhava e nos
capacitava para falar e também para demonstrar o Reino de Deus e
o seu poder. Toda vez que agimos em posse desta palavra, nós
vimos pessoas sendo curadas. Para Andra e eu, tudo isto
significava um novo nível de autoridade espiritual e também uma
imensa facilidade na área de cura. Vimos também muito mais
pessoas ser salvas e libertas.

Diluição de pedras nos rins

Nós fomos convidados para ir a uma festa de aniversário. Um dos
convidados era um homem que já era idoso, que de tanta dor não
podia nem sentar e nem ficar em pé. Mesmo assim, ele conseguiu
comparecer a festa, mas com certo tempo ele começou a se
envergar de dor e o suor estava cobrindo todo o seu rosto. A causa
desta dor, como ele próprio disse, era grande pedras localizadas
nos seus rins.
Eu ordenei em nome de Jesus que as pedras nos rins se diluíssem.
Depois de alguns minutos, ele foi ao banheiro e percebeu, enquanto
estava urinando, que as pedras dos rins se diluíram e estavam
nadando no fundo do vaso sanitário. Ele podia até mesmo ouvir o
bater das pedras. Após isto, ele não teve mais dor e por isso
festejamos empolgados e regozijados com ele.

Anos de dor desaparecem

Uma mulher sofria há vários anos de uma dor de cabeça muito forte. No entanto, nenhum médico que ela consultou pode diagnosticar a causa deste problema e nem sequer pode-se achar uma terapia que pudesse trazer um certo tipo de cura ou alívio. Depois de uma oração, ela caiu no chão debaixo do poder de Deus. Depois de um certo tempo, ela levantou-se e logo então eu perguntei como ela estava se sentindo. Ela disse que estava se sentindo "espetacular". As fortes dores não mais voltaram a atacar, mesmo depois de ter se passado vários dias. Ela podia até dormir a noite inteira.

Mãos que eram tortas voltaram a funcionar

Uma senhora idosa tinha um grau de artrite tão alto, que ela não conseguia mais abrir os seus dedos que por sinal estavam completamente curvados. A igreja toda conhecia esta senhora e todos a ajudavam no serviço de casa porque ela não tinha mais condições de fazer nenhum dos afazeres domésticos. Através de uma oração, eu enviei uma ordem diretamente a doença da artrite para que ela desaparecesse em nome de Jesus e deixasse a vida desta senhora. No mesmo instante, ela foi curada e prontamente ela começou a mostrar à toda igreja o que tinha acontecido. Ela esticou ambas as mãos para os céus e ela até mesmo conseguiu esticar os seus dedos com toda a alegria.

Curas e mais curas

Danificação nas articulações dos joelhos, todo tipo de dores, artrite nas juntas e na área dos ombros e da nuca, deformação da coluna vertebral, disco intervertebral danificado e muito mais enfermidades foram todas curadas durante os cultos nas cinco semanas da nossa viagem missionária. Foi tremendo ver todas as coisas que Jesus fez. Para falar a verdade, desenvolveu-se em mim um certo repúdio, quando alguém vem a mim e me diz que todos estes milagres não acontecem mais em os nossos tempos!

Tudo isto acontece todos os dias e em todo o mundo, até mesmo na Alemanha e em Bamberg. A salvação, a cura e a libertação acontecem em todo o lugar onde o povo de Deus, mesmo vindo de diferentes culturas, começam a orar e a atuar através do poder do Espírito Santo e em nome de Jesus. Tudo isto é algo muito normal – ou pelo mesmo deve ser comum para nós.

Curada de urticária / Crescimento de ossos!
O incurável se tornou curável

Uma mulher de meia-idade relata:
Desde muitos anos eu tinha uma doença alérgica chamada urticária. Esta doença me trouxe muita dor e sofrimento. Muitas vezes o meu corpo reagia de forma que parecia que eu tinha levado várias chicotadas. No meu corpo inteiro podia se ver vergões e eu tinha a impressão de que vários bichos estavam comendo por baixo da minha pele. Eu costumava a me coçar de tal forma que a minha pele começava a sangrar. O médico me disse que eu tinha que viver com esta doença a minha vida inteira, pois ela era incurável e também era uma área que ainda não tinha sido muito pesquisada. Os médicos me deram uma pomada a base de cortisona para que o pior fosse evitado.

Em um dos cultos que estive, pedi oração e desde este dia a urticária desapareceu completamente. O meu médico simplesmente não pode acreditar.

Eu também tinha um outro tipo de problema. Durante uma complicada cirurgia na minha coxa, os médicos tiveram que serrar o osso em aproximadamente 2 centímetros. Devido a isto, eu acabei ficando com uma perna mais curta do que a outra que consequentemente causou todo tipo de dores, como por exemplo dores na coluna, na vértebra lombar, etc. Eu tive que calçar solas especiais para sapatos a fim de poder compensar a diferença de comprimento das duas pernas.

Durante o culto, uma senhora da igreja orou comigo, logo depois que ouvimos uma palavra sobre a autoridade que foi dada aos que creem. Baseada nesta palavra, esta senhora decidiu aplicar tudo o que Deus falou, e por isso ela imediatamente ordenou o osso da coxa para crescer. Foi exatamente isto que aconteceu.
Agora ambas as minhas pernas têm o mesmo tamanho, por isso eu não preciso usar as solas especiais.

Glórias a Deus por este testemunho. O que para os homens é impossível, para o nosso Deus tudo é possível.

O fim de um alcoólatra
Jesus liberta!

O relato de um homem (43 anos de idade):
Eu cresci na antiga URSS (União das Repúblicas Socialistas Soviéticas), frequentei uma escola de música e trabalhei como baterista em uma banda de Rock. Obviamente eu também tocava em vários tipos de eventos e ganhava muito bem. A quantidade de álcool era abundante e ele jorrava na minha vida como se fosse um riacho. Eu era casado, tinha 2 crianças e tudo a princípio funcionava muito bem.

Até o dia em que eu constatei que estava consumindo álcool de forma descontrolada. Relacionamentos fora do casamento e excessos acima de tudo do álcool me tornaram um dependente. O meu matrimônio foi destruído e tudo começou a despencar na minha vida.

Eu resolvi me mudar para a Alemanha com a minha mãe e o meu irmão. Lá eu tinha um pequeno apartamento e também um emprego numa fábrica. No entanto, o álcool não queria mais me soltar das suas garras. Enquanto isso, eu já estava divorciado e minhas 2 crianças ficaram com a minha esposa.

Foi através de alguns amigos que eu conheci Jesus, ouvi pela primeira vez que ele é o filho de Deus e que ele tem o poder de perdoar todos os meus pecados. Eu então decidi entregar a minha vida, que estava literalmente quebrada, nas mãos de Jesus. Eu pedi que ele me perdoasse e me libertasse da dependência do álcool.

Durante este tempo, eu comecei a frequentar uma igreja e lá eu me encontrei com pessoas que oraram por mim, que me apoiaram e me mostraram que embora dependente do álcool eu era importante para Jesus e que eu nunca devia desistir, pois Jesus iria me ajudar.

Houve um incidente muito dramático através do qual eu percebi que a minha vida estava chegando ao fim. Foi uma experiência que me levou a um ponto decisivo ou melhor a um ponto de virada. A batalha era entre ou morrer por causa do álcool ou ser liberto por Jesus e assim obter a vida.

Para mim só restava uma opção que era de entregar a minha vida por completo nas mãos de Deus e confiar nele.

Já era quase meia-noite quando eu de repente tive a impressão de estar em um filme de terror. Foi horrível. Eu pude ver e até sentir os demônios, que me atormentavam e diziam que iriam me matar.

Eu então clamei por Jesus e daí então tive uma ideia de ligar para o meu Pastor. Bem, mas já era meia-noite. Eu sabia que o meu Pastor tinha uma secretária eletrônica no escritório e ele provavelmente não iria ouvir o telefone. Mesmo assim, eu resolvi ligar para ele na esperança que ele ouvisse a chamada e pegasse o telefone.
O que parecia ser impossível acabou acontecendo. O Pastor atendeu o telefone, ouviu a minha história e depois de 15 minutos ele veio me visitar. Ele orou por mim e ordenou que o espírito de tormenta e do álcool desaparecer da minha vida. Eu percebi como se algo obscuro e mau tivesse saindo do meu corpo e do meu espírito.

Já faz alguns anos que isto aconteceu e hoje eu sou um homem livre. Minha vida foi completamente transformada.
Eu fui liberto 100% através de Jesus, sem desintoxicação, sem terapias e sem quaisquer sintomas negativos.

Minha vida pertence somente a Ele e seja onde eu for, eu sempre irei contar do seu poder que liberta e restaura.
O alcoólatra dentro de mim está morto, pois Jesus me deu a vida.

Os demônios fogem

Jesus é mais forte do que os demônios

A missão que Jesus deu aos seus discípulos foi além de tudo:
„curar os doentes e expulsar os demônios."

Bem, uma coisa está diretamente ligada a outra.
Os demônios são de acordo com à Bíblia espíritos malignos, que estão submetidos a Satanás e estes têm a missão de afastar as pessoas de Jesus e também acabar com as suas vidas.

No entanto, Jesus triunfou vitoriosamente na cruz sobre os demônios. Ele despojou deles todo o poder e também fez deles um espetáculo público.

> *E, tendo despojado os poderes e as autoridades,*
> *fez deles um espetáculo público,*
> *triunfando sobre eles na cruz.*
> Colossenses 2:15

Neste caso o apóstolo Paulo se refere a um costume dos romanos daquela época. Depois de ganhar uma batalha, o comandante geral romano costumava entrar em uma cidade a fim de tomar posse dela. Logo atrás dele vinha o inimigo derrotado que tinha que andar acorrentado. Os derrotados tinham que andar atrás do rei o qual perdeu a batalha juntamente com os seus companheiros. Eles tinham que andar nus!
Todo tipo de poder, dignidade e sublimidade foi tirado deles e foi exatamente desta forma que eles eram humilhados. Literalmente fizeram deles, como diz na bíblia, um espetáculo público, como se eles fossem um bando de macacos de circo. Este costume tinha a intenção de mostrar ao povo quem tinha mais força e ao mesmo tempo demonstrar que toda a força e o poder dos derrotados tinham sido tomados e destruídos.

Isto tudo parecia uma festa popular ou até uma marcha triunfal. Na maioria das vezes, o povo jogava nos inimigos derrotados lixo, fezes e outras coisas deste tipo.

Paulo usa este exemplo para demonstrar de forma clara o que realmente aconteceu na cruz através de Jesus. Jesus triunfou sobre Satanás e sobre todos os seus companheiros. Jesus nos revelou tudo isto, para que estejamos cientes de que o poder do inimigo já foi eliminado.

É por isso que os seguidores de Jesus também têm que tomar posse da autoridade que foi dada por Jesus e como consequência os demônios têm que obedecer. Eu repito, os demônios têm que obedecer. O poder de Jesus é mil vezes maior do que o poder de Satanás. O inimigo já é um derrotado. Aleluia!

A ilustração acima nos ajuda a entender melhor o tema sobre o „ poder do diabo" e nos ajuda a ter um melhor entendimento sobre a autoridade espiritual.

Quero aproveitar este momento para mencionar que nem todas as pessoas que estão sendo atormentados pelo inimigo estão possuídos por ele. Quando ouvimos sobre este assunto, pensamos logo no filme „O Exorcista" ou „O Bebê de Rosemary" e em outros filmes de terror.

Um manto imundo

A meu ver, uma pessoa está possessa quando ela não é mais dona do seu próprio ser, ou seja, quando ela está sendo controlada por uma força estranha. Quero salientar que acima de tudo, o poder de Jesus é sempre mais forte e vitorioso.
A maioria das pessoas que tem problemas com demônios sofrem debaixo de uma influência negativa que as levam ao caminho da dependência, certos tipos de padrão de comportamento e várias outras complicações. No entanto, estas pessoas normalmente ainda têm a capacidade de controlar os seus próprios sentidos.

Eu gosto de comparar este tipo de influência com um manto velho e fedorento, o qual é colocado em cima das pessoas pelos demônios. Este manto serve tanto quanto base quanto como um ponto de saída de diferentes tipos de atividades destrutivas. Os demônios têm que se prostrar e desaparecer com o seu manto sujo simplesmente através de uma ordem no poderoso nome de Jesus ou através do perdão de pecados e de qualquer tipo de comportamento pecaminoso.

Este manto imundo juntamente com os demônios entram na vida das pessoas que se ocupam com coisas erradas e que abrem as suas vidas e a sua alma para eles.
Estas coisas erradas são por exemplo práticas ocultas, filmes de terror, certos tipos de música e de literatura ou até mesmo algumas coisas simples do cotidiano que não parecem ter muito valor.
Existe até pessoas que lêem o horóscopo somente por prazer, pois elas afirmam que o horóscopo é algo que não se pode crer.
Mentira, roubo, engano e muitas outras coisas são portas abertas nas nossas vidas para o agir do poder negativo.
As drogas são consideradas uma porta fácil de entrada para nossa alma, pois elas atacam de forma direta o nosso comportamento. Eu já presenciei várias vezes pessoas que mudaram de comportamento por completo depois de consumir somente uma pequena quantidade de drogas.

A sociedade em que vivemos nega a existência de demônios e ela procura uma explicação em fatos biológicos e psicológicos. Alguns fatos podem até ser explicados e curados através da ciência da biologia e da psicologia, no entanto existem muitos outros casos que a ciência não oferece uma saída.

Quanto mais em uma sociedade afastada de Deus e da sua palavra, mais doenças psicológicas e também outros tipos de coisas desastrosas irão entrar nas vidas das pessoas. Devemos parar e pensar um momento ao ouvir esta palavra. O interessante é ver que mais e mais filmes com cenas demoníacas estão sendo filmados embora que supostamente este poder não existe. Até mesmo na igreja católica existe um departamento chamado exorcismo e este tipo de prática ainda pode ser visto em vários países.

Os verdadeiros „Ghost-Busters" (caça de fantasmas)

Por isso, não é nada estranho e nem surpreendente ver que Jesus autorizou os seus discípulos a expulsar os demônios da vida das pessoas (os inimigos não fogem voluntariamente) e vejam como tudo funcionou.

Reunindo os Doze, Jesus deu-lhes (os discípulos)
poder e autoridade para expulsar todos os demônios
e curar doenças e os enviou a pregar o Reino de Deus
e a curar os enfermos.
Lucas 9:1 + 2

A mesma ordem Jesus fez com os outros 72 outros seguidores.

Depois disso o Senhor designou outros setenta e dois
e os enviou dois a dois, adiante dele,
a todas as cidades e lugares para onde ele estava prestes a ir.
Lucas 10:1

Os setenta e dois voltaram alegres e disseram:
*"Senhor, até **os demônios se submetem a nós**,*
em teu nome ".
Lucas 10:17

Que palavra tremenda!

Lembre-se disto, pois eu quero te encorajar a levar a Palavra de Deus a sério e fazendo isto você se tornará um verdadeiro „caçador de fantasmas" para Jesus.

Testemunhos de libertação:

Relatos:

Pesadelos

Um certo dia, veio uma mulher pedir a nossa ajuda, porque ela sofria muito com pesadelos que a atormentavam. Ela costumava a ver caretas horríveis em sonhos, sentia também uma grande opressão e muito medo. Primeiramente, nós oramos para que Deus nos mostrasse a causa destes pesadelos, pois os demônios para agir precisam de uma porta de entrada na vida das pessoas. Esta mulher nos disse que o seu namorado gostava muito de ver filme de terror e ele praticamente a forçava a assistir. Ela somente assistia os filmes por amor a ele, mas ela verdadeiramente sentia uma grande aversão a este tipo de filme.

Nós imediatamente mostramos a ela o caminho do arrependimento destas coisas e logo em seguida ordenamos toda obra maligna a desaparecer da vida dela.

Prontamente ela percebeu como se algo maligno tivesse saindo dela. Desde então, ela não teve nenhum tipo de pesadelo. Ela também nunca mais assistiu filmes de terror.
Jesus liberta!

Um menino de 3 anos de idade venceu

Acabei de me lembrar de uma acontecimento fantástico.
Nós fomos visitar uns amigos que eram cristãos. Lá nós jantamos juntos e numa certa hora os nossos amigos foram colocar o seu filho de 3 anos na cama. Depois de um tempo, o menino saiu do quarto chorando muito. Quando a sua mãe perguntou a ele o que tinha acontecido, ele respondeu soluçando: „ tem uma coisa ruim no meu quarto e me dar medo. " Nós conversamos com ele e tentamos então acalmá-lo. Como ele já conhecia Jesus, nós explicamos a ele sobre o poder do nome de Jesus e que ele deveria expulsar a coisa ruim que estava perturbando, caso ele voltasse para o seu quarto.

Nós sugerimos a ele dizer as palavras: „Você coisa ruim –
desapareça em nome de Jesus! " Muito simples e também eficaz ,
de tal forma que toda criança possa entender.

Depois de ouvir esta palavra, ele correu para o seu quarto radiante
de alegria. Por algum tempo não ouvimos mais nada e pensamos
então que o problema tinha sido resolvido. De repente, ele
apareceu de novo na sala de estar e disse indignado: „ A coisa ruim
voltou no meu quarto, mas eu esqueci o que eu tinha que dizer. "
Agente explicou para ele mais uma vez. Então, ele subiu para o seu
quarto cheio de esperança. Depois disso, não ouvimos mais nada
dele.

No dia seguinte, nós nos encontramos com a mãe do menino e
perguntamos a ela se ele tinha acordado durante a noite. A mãe dele
disse que ele tinha ficado a noite inteira no seu quarto.
De manhã, a mãe dele perguntou a ele se a „coisa ruim" o tinha
incomodado. Ele disse alegremente, que na segunda vez que a
„coisa ruim" veio o perturbar, ele disse bem alto as mesmas
palavras que ele tinha aprendido „Você coisa ruim – desapareça em
nome de Jesus! ". Imediatamente a „coisa ruim" desapareceu e não
mais voltou.

Um menino pequeno que usou o nome de Jesus com toda
confiança e teve paz.

Tivemos este tipo de experiência já várias vezes. Um tipo de
confiança como a de uma criança juntamente com um agir baseado
na bíblia trouxe resultados tremendos. Não foi por acaso que Jesus
usou as crianças como um exemplo para todos nós. A não ser que
vocês se tornem como crianças...

e (Jesus) disse: "Eu lhes asseguro que,
a não ser que vocês se convertam e se tornem como crianças,
jamais entrarão no Reino dos céus.
Mateus 18:3

Por favor não confunda um tipo de confiança como a de uma criança com um comportamento infantil.

Mesmo sem ter a mínima ideia do que estar acontecendo, mesmo assim, eu me atrevo a seguir enfrente, pois o meu pai está comigo e ele tem tudo sob controle. Acima de tudo, o meu pai é o mais forte de todos e ele pode todas as coisas.

Arrenpender-se de quê? De tudo aquilo que nos impede de prosseguir e também das coisas que nos bloqueiam de entrar no Reino de Deus e de caminhar nos seus princípios.

Geralmente, nós precisamos para tudo de uma explicação lógica e científica. Precisamos tanto de uma explicação como de um motivo para tudo e muito mais.

As crianças são completamente diferente. „ Se papai falou, então eu creio que é verdade e eu posso confiar nele!"

Não é verdade? Você já teve a oportunidade de observar este tipo de comportamento típico das crianças? Creio que sim. Que palavra tremenda – e é exatamente por isso que Jesus usa as crianças como um exemplo nos seus ensinamentos.

É por isso que eu levo a Palavra de Deus a sério, pois toda palavra que ELE falou é verdadeira. É exatamente por este motivo que eu decidi começar esta viagem da fé – uma dimensão cheia de aventura.

Vem conosco!

Mais forte do que pensei

Nós estávamos participando de um culto numa igreja conhecida em La Plata / Argentina. Após a pregação, nós oramos pelas pessoas e durante a ministração vi um jovem, que estava encostado na parede completamente desinteressado. Ao redor dele, podia-se ver pessoas sendo curadas, outras caindo no chão através do poder de Deus, outras estavam chorando de alegria e muito mais.

Uma senhora veio a mim e me pediu para eu orar por este jovem, que por sinal era filho dela.

Eu fui a ele e perguntei se poderia orar pela sua vida. Entediado, ele deu uma sacudida com os seus ombros e me olhou de forma estranha com seus olhos escuros. De repente, a cor dos seus olhos se tornou quase preto.

Eu observei firmemente o camarada. Ele parecia desleixado e tinha um cheiro de álcool e maconha. A sua aparência era de alguém que realmente não tinha a mínima ideia de Jesus, de um viciado e de alguém que naquele momento estava completamente debaixo do efeito das drogas.

Eu orei baixinho e perguntei: Senhor, o que eu devo fazer – este jovem precisa de ajuda!
Jesus disse, „ ponha a sua mão sobre os seus ombros e deixe o resto comigo. "

Bem, eu interpretei o sacudir dos seus ombros como um sinal de consentimento para a oração, por isso decidi então colocar a minha mão no seu ombro e disse „Jesus, por favor mostra a ele o teu amor e o teu poder!" Ele começou a reagir como se tivesse sido atingido por um relâmpago. De repente ele começou a tremer, o suor jorrava da sua pele e ele não conseguia mais ficar em pé. Daí ele começou a gritar, de uma forma que eu nunca tinha ouvido antes. Era um tipo de grito estranho e quase desumano.

Neste mesmo momento, eu sabia que os demônios estavam se manifestando porque eles tinham se encontrado com Jesus.
O jovem ficou bravo, começou a se agitar nervosamente com as mãos e a se bater. Ele espumava pela boca até que ele caiu fortemente como uma rocha no chão. Ele não parava de gritar o tempo todo.

Os irmãos da igreja pegaram ele e o tiraram de perto das outras pessoas. Quatro ou cinco irmãos quase não conseguiram segurar ele. Os irmãos levaram o jovem para uma sala separada, onde lá eles rapidamente expulsaram os demônios.

O jovem deu a sua vida a Jesus, aceitou ELE como o seu Senhor e Redentor e logo em seguida ele pode ter uma vida normal. Eu fiquei admirado com o agir de Jesus na vida deste jovem. Simplesmente da forma que Jesus operou. Não existe poder que seja maior do que o poder de Jesus.

Este acontecimento me lembrou de um texto no novo testamento que diz:

Eles foram para Cafarnaum e,
assim que chegou o sábado,
Jesus entrou na sinagoga e começou a ensinar.
Todos ficavam maravilhados com o seu ensino,
porque lhes ensinava como alguém que tem autoridade
e não como os mestres da lei.
Justamente naquela hora, na sinagoga,
um homem possesso de um espírito imundo gritou:
"O que queres conosco, Jesus de Nazaré?
Vieste para nos destruir?
Sei quem tu és: o Santo de Deus! "
"Cale-se e saia dele! ", repreendeu-o Jesus.
O espírito imundo sacudiu o homem violentamente
e saiu dele gritando.
Marcos 1:21-26

Jesus tem todo o poder e os demônios tremem ao ouvir o nome de Jesus.

Eu não sei até que ponto você esteja preso em vícios ou em opressão, mas quero que saiba que Jesus quer te libertar. Foi por isso que ele foi à cruz e morreu para que você tenha vida. Não importa o que for: álcool, drogas, medo, fobias, não existe nada que Jesus não pode enfrentar e destruir. Nada para Jesus é tão persistente, tão forte, tão renitente que possa resistir ao tremendo poder de Jesus.

Síndrome do comprar compulsivo

Há algum tempo, uma jovem se encontrou com minha esposa e confessou que ela sofria de um vício de compras.

Ela simplesmente não conseguia resistir; toda vez quando ela via algo bonito ou atraente em algum panfleto ou em um catálogo, ela não se controlava e acabava comprando. De forma semelhante também acontecia quando ela estava em uma loja. Ela estava ciente que este comportamento não era normal, pois todo o seu dinheiro era gasto em compras, mas ela não tinha nenhum controle de decisão. Ela sofria muito neste vício.

Andra ordenou completa libertação desta opressão em nome de Jesus. Imediatamente a jovem sentiu uma mudança. Ela foi para sua casa e ela pode finalmente depois de vários anos até jogar catálogos de compras no lixo, pois ela estava completamente liberta. Ela foi e ainda continua sendo livre até hoje

Jesus é um verdadeiro destruidor de cadeias!

Irmãos, vocês foram chamados para a liberdade...
Gálatas 5:13a

Foi para a liberdade que Cristo nos libertou.
Portanto, permaneçam firmes
e não se deixem submeter novamente
a um jugo de escravidão!
Gálatas 5:1

Estes versículos são prova de que nós devemos ser livres porque Jesus já nos libertou. O pré-requisito já foi cumprido e tudo já foi feito por você, por isso tome posse da liberdade em Jesus. Muitas pessoas já estão de posse desta benção, então porque você também não recebe e toma posse?

Falta de conhecimento e o silêncio

Doenças ao invés de esperança

É interessante ouvir o que algumas pessoas falam. No ônibus, no clube de piscinas, no supermercado etc. Na maioria das vezes, elas falam sobre algum tipo de doença e trocam ideias sobre este assunto. Parece ser algo muito normal falar sobre este assunto; já estamos acostumados, pois é um tema que sempre tem conteúdo suficiente para se falar. Dependendo do tipo de tratamento, o assunto ainda pode ficar até mais interessante. No entanto, se falamos que Jesus cura e se nos prontificamos a orar, geralmente este tipo de atitude será visto como um absurdo ou até mesmo uma afronta.

Qual será a causa disto?

As pessoas creem naquilo que elas frequentemente ouvem. Elas são influenciadas por propagandas e experiências pessoais que elas viveram. Elas estão acostumadas a falar daquilo que as aparentemente ajudou e também daquilo que elas estão convencidas. Isto tudo representa um nível ou uma dimensão normal.

Nos últimos 1700 anos, o evangelho tem perdido uma grande parte do seu poder. A igreja primitiva vivia em plena firmeza e confiança no poder de Jesus aplicava este poder também uma função do bem-estar das pessoas. Muitas pessoas foram curadas e muitos milagres ocorreram, de tal forma que pessoas de vários lugares ouviram e se admiraram com tudo que estava acontecendo. Tudo o que aconteceu neste período causou uma grande alegria nas pessoas.

O relato abaixo deve ser refletido com muita atenção! Existia um homem, o qual falava de Jesus e do seu poder, mas este falava com tanta autoridade que todos que o ouviam ficavam impressionados de tal forma que eles acabavam entregando as suas vidas a Jesus. Que mudança que este homem trouxe na vida de várias pessoas e na sociedade.

Leia a passagem abaixo e se impressione:

Indo Filipe para uma cidade de Samaria,
ali lhes anunciava o Cristo.
*Quando a multidão **ouviu** Filipe*
*e viu os sinais miraculosos que ele **realizava**,*
deu unânime atenção ao que ele dizia.
Os espíritos imundos saíam de muitos,
dando gritos, e muitos paralíticos e mancos foram curados.
*Assim, **houve grande alegria naquela cidade.***

Um homem chamado Simão
vinha praticando feitiçaria
durante algum tempo naquela cidade,
impressionando todo o povo de Samaria.
Ele se dizia muito importante,
e todo o povo, do mais simples ao mais rico,
dava-lhe atenção e exclamava:
"Este homem é o poder divino conhecido como Grande Poder".
Eles o seguiam, pois ele os havia iludido
com sua mágica durante muito tempo.
*No entanto, quando Filipe **lhes pregou***
as boas novas do Reino de Deus e do nome de Jesus Cristo,
creram nele, e foram batizados,
tanto homens como mulheres.
O próprio Simão também creu e foi batizado,
e seguia a Filipe por toda parte,
***observando** maravilhado os grandes sinais e milagres*
que eram realizados.
Atos 8:5-13

*Todavia, **as notícias a respeito dele** (Jesus)*
se espalhavam ainda mais,
*de forma que multidões vinham para **ouvi-lo***
*e para **serem curadas** de suas doenças.*
Lucas 5:15

O que foi que aconteceu que estas coisas não mais acontecem com tanta frequência nos dias de hoje? A resposta para esta pergunta é muito complexa e pode-se até escrever um livro só com explicações. Seja como for, o fato é que este tipo de dimensão já é quase desconhecida nos dias de hoje. Nós não falamos mais publicamente sobre a nossa fé e agimos conforme as palavras que um certo chefe de governo falou: este tema é um assunto particular e por isso não tem cabimento falar dele em público.

Graças a Deus existem igrejas, congregações e grupos que não desistiram de falar, de praticar e de crer na Palavra de Deus, na força do Espírito Santo, no poder e na autoridade do nome de Jesus. O resultado são milagres e maravilhas como aconteceram nos tempos da bíblia.

Nós devemos falar e divulgar mais que Jesus continua sendo o mesmo.

Jesus Cristo é o mesmo, ontem, hoje e para sempre.
Hebreus 13:8

Como, pois, invocarão (a Jesus) aquele em quem não creram?
E como crerão naquele de quem não ouviram falar?
E como ouvirão, se não houver quem pregue (divulgadores)?
Romanos 10:14

As pessoas que estão sofrendo com aflições, problemas, vícios, doenças e medo devem ouvir que existe uma saída. A saída para todo tipo de problema está disponível hoje e agora. O nome da resposta para todo tipo de problema é:

Jesus Cristo, o filho de Deus!

Um erro de liderança dramático

A resposta continua a mesma desde 2000 anos. A história nos ensina que os líderes espirituais durante séculos cometeram vários erros e por isso abriram portas para o pecado e para a culpa nas suas próprias vidas. Jesus não foi glorificado, embora que muitas coisas foram feitas „em nome de Jesus. "

Mesmo nos dias de hoje, existem alguns tipos de „líderes espirituais" que literalmente pisam na bola quando afirmam em público que Jesus não é o filho de Deus. Logicamente, isto é um fruto vindo de uma teoria que diz: „Jesus não foi gerado pelo Espírito Santo, mas por José." Esta teoria diz que Jesus não é o filho de Deus, que ele não é o redentor, que os relatos bíblicos não são verdadeiros e por isso não se deve nem acreditar e nem tomar posse daquilo que está escrito na bíblia.

Pobre Alemanha! Coitada das pessoas que creem desta forma; coitado dos „líderes espirituais" que irão ter que se justificar por toda mentira e por toda falsa teologia que eles propagaram.
Este tipo de líderes só conseguem bloquear o andar espiritual de tantas pessoas. Todo tipo de esperança que as pessoas possivelmente tiverem é destruída e por isso muitos têm que continuar a perseverar nos seus sofrimentos. No fim de tudo, estas pessoas acabam indo para o inferno, pois o acesso deles a Jesus foi impedido ou dificultado. Este é um verdadeiro drama.

Enquanto as pessoas ouvirem pregações vindas dos púlpitos que honram somente a proteção do ambiente ou dos sindicatos de trabalho, e não ouvem mais sobre a graça e o plano da salvação através de Jesus, estaremos então completamente longe do poder e da transformação que vem através de Jesus. É claro que este tipo de tema também é importante, mas o que adianta tudo isto se uma pessoa não conhece e nem tem uma experiência com Jesus.

De que adianta você ter salvo um tipo de espécie de animal extinto, mas acabar perdido no inferno separado de Deus.

Recentemente eu encontrei um jornal de uma igreja (não irei revelar o nome) que achei muito bom – muito bem trabalhado.
Aspecto brilhante – fotos – relatos – quinze folhas – no entanto, o nome de Jesus não foi mencionado nem sequer uma vez, muito menos que ele quer por exemplo ajudar os próprios membros da igreja a superar os seus problemas. Esta situação é mais do que triste, pois ela representa o tipo de imagem que muitos crentes têm de **Jesus Cristo**.

No entanto, durante os séculos sempre houveram também pessoas que viviam com Jesus e o representaram em todos os lugares. Glória a Deus por isso. E estas pessoas ainda existem hoje. Sou grato a Deus por isso!

Nos dias de hoje, vimos em todo o mundo um acréscimo de curas divinas e testemunhos, porque as pessoas estão começando a descobrir e a falar sobre o poder e a verdade do evangelho.

Por que a imprensa relata tão pouco sobre estas coisas? Eu não sei. Com certeza deve-se haver vários motivos, mas todos estes seriam especulativos.

Graças a Deus que nós não somos dependentes da imprensa, pois ela geralmente nos revela somente uma parte da verdade e mascaram a informação para que nós a aceitamos.
Mesmo quando ela não relata de forma gentil sobre pessoas que seguem Jesus.

Por isso relatamos sobre testemunhos de cura e sobre o agir de Jesus! Relatos sobre pessoas que depositaram a sua esperança e a sua confiança em Jesus, pois ELE quer e pode ajudar. Testemunhos de como a vida destas pessoas foram transformadas para melhor através de Jesus.

Aqui deixo um espaço para você fazer notas sobre essas histórias relatadas pela imprensa de milagres ocorridos através de Jesus. Meu desejo é que esta página não fique vazia.

Relatos de cura – Parte 3

**Um quadril que era torto voltou a ser reto
A vida se tornou mais fácil**

Testemunho de uma senhora de 43 anos:

Eu gostaria de contar sobre duas curas que pessoalmente vivenciei na minha igreja.

Desde somente alguns meses que considero ter uma fé viva em Jesus e desde então vou frequentemente a igreja.

Antigamente eu ficava impressionada sempre quando comprava calças para mim, pois tinha a impressão que elas tinham um corte errado – como se a calça tivesse um defeito. Uma perna da calça era sempre maior do que a outra. Eu constantemente tinha que contratar uma costureira para que ela pudesse ajustar o tamanho da calça. Com o passar do tempo, eu comecei a ter dores no quadril que me levaram a conclusão de que uma perna era mais curta do que a outra. Depois de fazer alguns exames, recebi o diagnóstico de que eu tinha um problema com a minha bacia, pois ela estava torta.

Em um culto de cura, a líder da igreja orou pela minha bacia e imediatamente percebi que algo tinha acontecido. Dentro do meu corpo pude ouvir um barulho. Logo depois, as dores desapareceram e as minhas pernas voltaram a ter o mesmo tamanho. Ao comprar novas calças, eu percebi que nenhuma delas tinham defeitos. Que surpresa!

A segunda cura que gostaria de relatar, diz respeito a uma rigidez na minha coluna vertebral que foi causada por um acidente. Eu não podia nem dormir de costas e nem me debruçar para frente.

Mais uma vez eu confiei no poder da oração da igreja e pedi que orassem por min. A mesma líder que orou pelas minhas pernas, também orou pela minha coluna. Logo depois da oração, ela pediu para que eu tentasse fazer tudo aquilo que eu não conseguia fazer antes da oração – por exemplo inclinar-me.

Eu pensei: Meu Deus – será que irei conseguir? No entanto, uma fé tremenda foi gerada através da oração, por isso eu decidi tomar coragem. Com muito cuidado, eu me inclinei para baixo e percebi que tinha funcionado. Aleluia! Continuei tentando e a cada vez de forma mais intensa.

Depois de alguns dias, eu constatei que podia dormir de costas - sem nenhum problema.

Eu estou muito agradecida a Deus, pois ele me curou e me salvou. Agradeço a ele também por ter me dado uma igreja onde eu posso viver com um Deus pessoal. Agradeço também pelas pessoas que falam de Jesus de forma compreensível e totalmente descontraída e também por pessoas que oram por imposição de mãos com muito entusiasmo, fé e de forma eficaz.

De forma muito semelhante aconteceu com mais 2 pessoas, pelas quais oramos na cidade de Wels na Áustria. Tudo isto aconteceu recentemente.

Curvar-se como nunca
Sonhos de criança tornam-se realidade

Relato:

Uma jovem deu um relato do seu problema, antes mesmo que eu orasse por ela.
Desde cedo na sua infância os médicos constataram que uma perna dela era mais curta do que a outra. Ela tinha que usar um sapato com solado especial para compensar a diferença. No entanto, ao passar o tempo, ela deixou eles de lado, porque não ficava bonito e não cambia uma moça tão bonita usar solados especiais.

As consequências desta atitude foram o mau posicionamento do quadril, artrose lombar, todo tipo de fisioterapia e por último enrijecimento da região lombar. Tudo isso estava associado com muita dor, sofrimento, limitações e muito mais. O resultado de tudo isso foi:

Ela não podia mais se abaixar!

Durante a oração ela começou a curvar-se para frente – e mais – e mais – até que ela conseguiu tocar o chão com a ponta dos dedos. Ela não conseguia fazer este movimento desde a sua infância.

Ela, agora, demonstrou estes movimentos diante a congregação por várias vezes. As costas voltaram a ser elásticas e a dor desapareceu por completo. Isso foi em um sábado.

Jesus e um fantástico fisioterapeuta!!!!!!

"Eu também quero poder fazer isso"

Um senhor idoso veio depois da pregação no domingo de manhã para o altar e pediu com lágrimas nos olhos por uma oração. Ele também queria poder se abaixar.

Eu chamei a jovem durante a pregação para comprovar mais uma vez do milagre que ocorreu no dia anterior. Ela veio a frente e mostrou novamente diante de toda a congregação como ela conseguia sem nenhum esforço curvar-se até o chão. Ela também explicou que toda a sua família tinha verificado se ainda uma das suas pernas estavam mais curta do que a outra. Eles estavam cientes da situação dela. No entanto, ela não tinha mais este problema.

Ao ouvir o testemunho da jovem, o senhor foi tão tocado, que a esperança e a fé encheram o seu coração. Desde que ele era uma criança, ele tinha este enrijecimento nas costas e por isso ele ainda não tinha em toda sua vida conseguido se curvar. Que drama e tormento este homem sofreu por toda a sua vida! Ele tinha entre 60 e 70 anos de idade.

Eu orei por ele e ainda durante a oração ele começou a curvar-se para frente até que ele conseguiu tocar o seu tornozelo.
Ele chorava muito – desta vez de alegria!

A congregação rompeu em um grande júbilo e todos presentes louvavam a Jesus.
Eu estava muito alegre, pois Jesus num piscar de olhos curou duas pessoas e as fez totalmente felizes.

Jesus merece toda a honra!!!

Dores ciáticas ...

Uma senhora de 56 anos relata sobre o culto de cura do dia 31 de maio de 2015

Recentemente eu descobri uma constante dor nas costas. Esta dor estava ficando cada vez pior até que um dia eu recebi o diagnóstico do médico:

É o nervo ciático!
Ah – que beleza!

Eu mal conseguia mais me abaixar e cada movimento doía.

No culto de cura da igreja oraram por mim. A pastora que orou, impôs as suas mãos sobre mim no nome de Jesus.

Imediatamente toda dor foi embora. Eu senti de forma imediata que a dor tinha desaparecido. Logo em seguida, eu fiz um teste e me abaixei
.
De repente, eu percebi que tinha completa mobilidade, livre de toda dor.

Depois de alguns dias, eu também testei várias vezes fazer movimentos em casa e confirmo que a dor foi embora e não voltou mais.

Toda honra eu dou a Jesus por isto.

Alergia a chocolate ...

Uma menina de 8 anos de idade conta:
No culto do dia 25 de maio de 2015

Em um dos cultos recentes, veio uma menina de 8 anos de idade com o seu pai para o altar para receber uma oração.
Eles descobriram, há algum tempo, que a menina tinha uma alergia ao chocolate e também a outros produtos a base de cacau.
Toda vez depois de consumir chocolate ou produtos com cacau ela tinha de imediato uma violenta reação alérgica.

A menina não estava satisfeita com esta situação e não conseguia imaginar o seu futuro desta forma. O pai dela também pensava e se sentia deste jeito. Uma alergia deste tipo sobrecarregaria a vida da família desnecessariamente.

A pastora então orou pela menina e ordenou que a alergia desaparecesse no nome de Jesus.

Chegando em casa, a menina imediatamente comeu um delicioso pedaço de chocolate e para a sua alegria, ela não teve nenhuma reação alérgica no seu corpo.
Durante toda a semana também foi testado e comprovado para sua alegria e satisfação que a reação alérgica não tinha mais voltado.

Com certeza, nós podemos imaginar a alegria e a gratidão da menina e também dos seus pais!

Graças a Deus!

Semanas seguinte, nós perguntamos mais uma vez pela menina e pelos pais. E tudo estava em perfeita ordem, a alergia foi embora.

... e as dores de coluna desaparecem!

Uma mulher de 40 anos relata
do culto em Palma de Maiorca (Espanha), maio 2015

Nós fomos a um culto na cidade de Cala Ratjada, na igreja "Esperança de Vida". Depois da pregação, nos oramos por várias pessoas que tinham diversos pedidos de oração.

Uma mulher de 40 anos, veio a nós e nos explicou o seu problema. Ela sentia dores crônicas de coluna que aparentemente sem motivo plausível apareciam e eram extremamente dolorosas. Até mesmo neste momento ela estava sentindo fortes dores nas costas.

Logo depois da oração, parecia que nada tinha acontecido, pois as dores ainda estavam presentes, no entanto com menor intensidade do que como de costume.

Ao encontrarmos novamente com ela, ela nos contou que ao longo da semana ela não tinha sentido nenhum tipo de incômodo. Quando ela se deu conta do que estava acontecendo, ela parou para pensar e percebeu que as dores tinham ido embora e que ela já tinha passado toda a semana livre de dores.
E já fazia meses que ela não se sentia tão bem.

Ela ficou muito alegre e glorificou a Jesus dando a ele toda a graça e a honra.

A Alergia do sol desaparece.
A razão porque as férias se tornaram mais divertidas

Relato:

Uma conhecida minha contou-me, há algum tempo, que ela viajaria de férias para o Egito. Ela estava muito ansiosa para conhecer o país, o mar vermelho, mergulhar, ver os peixes e nadar.

No entanto, o problema dela era que há alguns anos ela sofria de uma alergia ao sol e por isso precisava de um protetor solar especial. Mesmo assim, este protetor solar não a protegia por completo. Ao se expor ao sol, ela imediatamente começava a se coçar e de repente apareciam bolhas por toda sua pele.

Eu perguntei a ela se eu podia orar por ela, porque eu estava convencido que essa alergia não era um problema para Jesus.

Ela me deu a sua mão e eu ordenei que em nome de Jesus essa alergia desaparecesse. Logo depois da oração, eu de forma totalmente irreligiosa e sem muito drama a desejei boas férias

Quando nos encontramos de novo, cerca de três semanas depois da oração, ela me contou muito animada, que a oração tinha funcionado. Todos os dias ela se expôs ao sol (quase que forçada, mas como se convém quando se está de férias) e para sua surpresa sem nenhum tipo de reações alérgicas. Ela procurou intensamente pelas bolhinhas na sua pele, mas não as encontrou. Ela estava convencida que deveria ter pelo menos algumas feridas, porque isto era algo muito normal toda vez que ela tivesse se exposto ao sol.
Mas ela não viu e nem sentiu nada de anormal.

Jesus deu a ela férias livres de preocupações. Esta situação foi para mim uma oportunidade de continuar falando com ela sobre Jesus. Agora tenho um argumento bastante convincente para falar de Jesus com ela.

A Grande Comissão

Ide ...

Nós ficamos impressionados com tudo o que está acontecendo.
Nem todas as pessoas pela quais oramos foram curadas, mas muitas receberam a cura.
Isto nos dá coragem para continuar orando, para confiar em Jesus com coisas maiores e também para transmitir as pessoas mais esperança.

Não existe nenhuma fórmula e nem um „você precisa fazer isso e aquilo."
É simplesmente a implementação de forma muito prática daquilo que Jesus ordenou aos seus discípulos. Por favor preste atenção, pois Jesus não tinha „recomendado" ou dado uma outra opção. O que ele falou foi uma ordem.

Nós não podemos chamar Jesus de nosso „Senhor", se nós não fizermos o que Ele fala. ELE é o „Chefe" e nós somos os colaboradores. ELE tem a palavra final e então decidimos se vamos obedecer ou não? Até parece com uma contradição. Está exatamente aqui a área de conflito: reconhecer se eu faço a vontade de Jesus ou não ou se eu a faço parcialmente ou mesmo sem entusiasmo e fé.

Minha própria experiência mostra isto de forma muito clara. Eu não tinha esse entendimento, muito menos que eu, através da fé, orasse por cura e libertação do modo descrito. Graças a Deus, isso mudou.
Jesus é paciente, gracioso e ele sempre perdoa. Acima de tudo. ELE me motiva e me ajuda também a seguir em frente e a conquistar dimensões ainda desconhecidas.

Toda vez que oramos pelas pessoas, nós damos a elas a nossa atenção e também um sentimento de que alguém se interessava por elas e pelos seus problemas. Na maioria dos casos, elas mencionaram que depois da oração, elas sentiram o poder de Deus. Este sentimento era também frequentemente acompanhado de uma boa sensação no corpo, um calor ou de um aquecimento em algumas partes do corpo.

Mesmo quando elas não tinham recebido uma cura de imediato, elas foram motivadas a continuar firmes, porque em muitos casos, o processo de cura tinha pelo menos começado. O mínimo que elas sentiram foi um toque da parte de Deus.

Eu me lembro de um versículo já citado no relato do menino na cadeira de rodas em La Plata / Argentina.

A missão dos discípulos de Jesus – até o dia de hoje, ainda é:

E (Jesus) disse-lhes:
"Vão pelo mundo todo e preguem o evangelho a todas as pessoas.
Quem crer e for batizado será salvo,
mas quem não crer será condenado.
Estes sinais acompanharão os que crerem:
em meu nome expulsarão demônios;
falarão novas línguas;
pegarão em serpentes;
e, se beberem algum veneno mortal, não lhes fará mal nenhum;
imporão as mãos sobre os doentes,
e estes ficarão curados".
Depois de lhes ter falado, o Senhor Jesus foi elevado
aos céus e assentou-se a direita de Deus.
Então, os discípulos saíram e pregaram por toda a parte;
o Senhor cooperava com eles,
conformando-lhes a palavra com os sinais que o acompanhavam.
Marcos 16:15 – 20

O texto acima é relativamente fácil e teologicamente descomplicado:

Jesus dá uma ordem – seus discípulos a cumprem – e Jesus se responsabiliza com que irá acontecer.

A minha responsabilidade é de simplesmente colocar a minha confiança e toda a obediência na sua Palavra. E isto é um processo de aprendizado que envolve algumas lutas, perguntas e dúvidas – mas não devemos desistir. Este é tanto o meu quanto também o seu desafio!

A grande comissão, contem entre outros, dois importantes componentes.
„Ir e anunciar" e „demonstrar o poder de Jesus". Esses elementos andam juntos. Foi assim que Jesus e os seus discípulos agiram e por isso nós também devemos atuar deste modo!

Paulo enfatiza que ele não falava somente com um certo tom religioso, mesmo quando a mensagem era séria e certa.

Minha mensagem e minha pregação não consistiram
em palavras persuasivas de sabedoria,
mas consistiram em demonstração do poder do Espírito, ...
1.Coríntios 2:4

Também existem muitos outros exemplos na bíblia que nos mostram esse contexto sobre o falar e o agir.

Quando a multidão ouviu Filipe e viu os sinais milagrosos
que ele realizava, deu unanime atenção ao que ele dizia.
Atos 8:6

Eles demonstravam o poder (grego: Dynamis) como prova daquilo que eles tinham falado anteriormente. Foi praticamente como uma dinamite, que rompia e literalmente explodia todas as preocupações, os bloqueios, as ideologias e as falsas teses religiosas libertando as pessoas para que elas pudessem crer em Jesus. Essa combinação e única no mundo das religiões e ainda hoje é muito eficaz.

E o que será se não acontecer nada?

Já me perguntaram muitas vezes, se eu sou um curandeiro. Eu rigorosamente nego e digo porém que conheço bem um „curandeiro" e que por sinal vivo a trabalhar para ele. Só Jesus tem o poder e a força. Eu apenas tento fazer aquilo que ele me instruiu e autorizou para fazer.

No início, quando eu comecei a orar pelos doentes, sempre se levantava um pensamento na minha cabeça que me perguntava:

> „ E se nada acontecer? Então você cometerá um grande
> VEXAME!"

A princípio, eu deixei que este pensamento me parasse, pois soava razoável. Eu iria realmente ficar como um bobo tendo que dar explicações. Meus pensamentos não paravam de me atormentar com tantos „se" e „porém". Como as pessoas reagiriam? Será que elas confiariam em Jesus novamente? Várias perguntas em aberto gritavam cada vez mais alto na minha mente e me impediam de orar pelas pessoas.

Se você já é um seguidor de Jesus e já decidiu de fato aplicar a grande comissão na sua vida, eu posso te garantir algo: essa pergunta vai te bombardear:

> E quando não acontece nada?

Mesmo hoje, depois de todos os acontecimentos, curas gloriosas e milagres, ainda vem esse pensamento frequentemente antes de orar. Hoje em dia eu dou uma risada e penso: „Sim, tu velho diabo. Isso só poderia mesmo é acontecer contigo! Que nada! Eu vou orar e Deus está aqui para fazer o bem as pessoas." Então com toda determinação imponho as mãos e ordeno no Nome de Jesus.

A fim de:

- honrar a Jesus;
- estar de acordo com a sua palavra;
- orar para o bem daqueles que estou orando;
- servir de aborrecimento para aqueles que tentaram me parar;
- provar que Jesus é o vencedor e o diabo é o eterno perdedor;
- encorajar aqueles que no momento somente assistem;
- servir como um molde para que vários crentes que estão inseguros tomem uma decisão de fazer o mesmo

Algo aconteceu!

Você precisa encontrar a sua própria resposta. Eu só posso mostrar fatos baseados na minha história, como aconteceu comigo, o que eu vivi e como eu cresci nesta nova dimensão.

Você tem que investir tempo com a Palavra de Deus, aprender o que significa ter autoridade e usar as verdades e princípios espirituais descobertos por você. Daí então, tente achar uma aplicação na prática. É importante achar respostas e convicções que não irão mais te tirar do verdadeiro caminho, nem te perturbar com pensamentos depressivos e sem esperança, mas que te ajudem a andar com a cabeça erguida e cheio de ousadia dizendo:

„Se nada acontecer?
Então não aconteceu nada – é simples sim.
Mas com 100% de certeza algo irá acontecer, porque o dever e a responsabilidade é de Jesus.
Se eu oro por alguém – e assim eu farei, então pelo menos essa pessoa irá experimentar o amor de Deus na sua vida e muito mais!"

Chegou a hora em que todos nós cristãos devemos voltar a aprender isto mais uma vez. Não deixemos que a pergunta "... se nada acontecer" nos detenha e permita que este tipo de questionamento cheio de medo nos paralise fazendo com que as pessoas não consigam ver o Jesus da Bíblia.

Eu oro para que você rompa com esse tipo de pensamento e que você também tome consciência de que Jesus está no seu lado.

Este livro deve também servir tanto como um encorajamento quanto uma motivação para você. Que você continue a seguir e a descobrir as dimensões do Reino de Deus. Que você aprenda mais sobre o Reino de Deus, o aplique em sua vida e se torne forte através do Espírito Santo.

Ou você simplesmente reconhece que para Jesus nada é impossível e que você pode com todo coração confiar sua vida em Jesus.

Escreva qual tipo de pensamento que vem na sua cabeça, assim que você tem o desejo de orar por alguém.

O que está te impedindo?

Quem ou o quê influenciou a sua vida? O que será que abalaria a imagem que você tem de Deus ou mesmo o seu entendimento em relação à fé?

Você se imagina fazendo também os milagres Jesus fez?

Baseado neste contexto acima, gostaria de relatar testemunhos de alguns cultos que participamos no Brasil, na Espanha e na Áustria.

Relatos de Cura Parte 4

Relato:

Tendões dos dedos crescem juntos:

Eu preguei num culto no Brasil sobre o poder de Jesus e que ele ainda hoje cura as pessoas. Eu vi um homem que tinha a mão direita completamente enfaixada.

Eu interrompi a pregação porque eu de repente senti que Jesus queria fazer algo. Ao meu pedido, o homem me explicou que os tendões dos seus dedos estavam rompidos e que ele não podia mais mexer os dedos.

Os médicos tinham dúvida que ele algum dia voltaria a move-los novamente. Foi necessário várias cirurgias e todo o processo era complexo e incerto. O melhor dos resultados seria pelo menos uma forte limitação no mover dos dedos.

Neste momento, o dedo dele estava dormente e se apoiava na bandagem.

Eu orei com ele e ordenei que os tendões novamente crescessem em nome de Jesus.
Então continuei pregando.

Depois de alguns minutos ele estendeu a mão, a qual estava enfaixada, para cima. A princípio eu pensei que ele queria perguntar alguma coisa, mas depois eu notei que ele visivelmente movia os dedos diante de toda a congregação.
A congregação rompeu em grande júbilo e agradecimento ao Senhor, pois todos conheciam este homem e também estavam ciente do seu problema.

Depois de um certo tempo, ele me disse que logo depois da oração ele notou que algo tinha acontecido na sua mão machucada.

Ombros tortos voltaram a ser retos:

A cura mais impressionante dos primeiros meses do ano de 2013 que nós vivenciamos foi com um homem com cerca de 70 anos de idade numa congregação no Brasil.

Há meses que ele tinha quebrado o ombro esquerdo, porém ele não tinha dinheiro para ir ao médico, muito menos ele tinha um seguro de saúde.

A fratura no ombro se juntou tão errado, que como consequência o homem praticamente não podia mais usar o braço, já que o ombro tinha se juntado de forma curvada e estava rígido. Ele não podia mais erguer o braço, girar ou dobrar o cotovelo, e também o seu pulso estava rígido. A única possibilidade teria sido, se alguém pagasse uma internação no hospital para ele, então o médico iria com muito cuidado tentar novamente quebrar os ossos, endireita-los e esperar que se estes crescessem no lugar devido.

Porém Jesus tinha uma melhor alternativa para esse homem!

Eu orei por ele, impus a mão sobre o seu ombro deformado e ordenei que, em nome de Jesus, os ossos se endireitassem e ficassem retos. Eu ordenei mediante a autoridade de Jesus, mobilidade em toda a região do ombro, nos tendões, articulações e ossos.

Enquanto a minha mão estava sobre o seu ombro, eu senti um movimento e percebi que os ossos estavam se movimentando.

Jesus estava operando.

Pouco tempo depois o homem começou, para espanto de todos os presentes, a levantar o seu braço e girá-lo e girá-lo cada vez mais rápido como pás de moinhos de vento.

Ele não parava mais. Junto ele derramava lágrimas de alegria sobre o seu rosto envelhecido e enrugado.

Ele louvou a Deus de todo o coração.

Toda a congregação aplaudiu com emoção e agradeceu a Deus.

Uma senhora de idade pula como uma menina:

Em um domingo veio uma senhora idosa com duas muletas para o culto em Porto Cristo, (Palma de Maiorca, Espanha).
Ela não podia mover o joelho direito e por isso ela tinha que se arrastar com muito esforço com a ajuda das muletas. Há anos que ela sofria de artrite e uma dor enorme nas articulações do joelho. Por este motivo, ela somente conseguia se mover com muita dificuldade.

Nós ordenamos a esse espírito de artrite que deixasse a senhora. Ela imediatamente sentiu um fluir e uma força nova nas articulações do joelho. As dores desapareceram e logo então, ela começou a correr, a dobrar e a levantar o joelho.

Ela entregou a Andra as muletas e começou a correr a cada instante mais rápido com o seu joelho levantado como se estivesse dançando uma dança folclórica.
Ela sorriu e agradeceu a Jesus.

Eu a peguei pelo braço e juntos corremos pela igreja sempre apressando os passos. No final, nós corremos por todo salão da igreja acompanhados de fortes aplausos da congregação.

No final do culto ela foi para casa com suas muletas de baixo do braço livre de dores e qualquer tipo de limitações.

Uma linda manhã nas montanhas

Um homem de meia-idade veio ao culto na cidade de Wels na Áustria. Ele tinha um pedido de oração, pois ele gostaria muito de poder voltar a fazer caminhadas nas montanhas.
(É quase que lógico: Áustria   montanhas- natureza – que maravilha!)

No entanto, ele tinha um problema com seu joelho e consequentemente muita dificuldade de se movimentar. Os médicos deram a ele um diagnóstico de muito pouca esperança para o seu futuro.

Em um dos joelhos a rótula e o menisco estavam danificados e no outro joelho foi descoberto um edema na medula óssea.
Eu não tinha a mínima noção da intensidade do problema, mas no momento isto não fazia diferença para min. Depois de um certo tempo, eu fiz uma pesquisa na internet e encontrei o seguinte significado do diagnóstico:
Definição médica: aumento da retenção de água nos ossos o qual se revela através de um aumento do sinal nas sequências sensíveis à ressonância magnética, baseado numa formação de edema ou hematoma nos ossos.
Isto não me parecia bem!

Ele pediu oração porque ele gostaria muito poder caminhar novamente na natureza. O seu desejo era que a dor e os problemas ligados ao seu joelho fossem embora.

Andra e eu oramos em nome de Jesus impondo as nossas mãos sobre ele. Aparentemente não tinha acontecido nada. Ele não tinha notado nenhuma alteração e durante a oração ele não sentiu nada, no entanto ele se sentia renovado, porque ele sabia que Jesus iria tomar conta do seu problema. Logo depois da oração ele foi para casa.

Ainda no mesmo dia, ele entrou em contato conosco para dizer que ele tinha sido completamente curado e que podia correr e se movimentar livre de dores. A cura aconteceu enquanto ele estava indo do culto para casa.

Jesus o presenteou com a oportunidade de caminhar pelas montanhas e aproveitar a maravilhosa criação.

Dois anos seguintes nós visitamos de novo a congregação em Wels. Quando ele nos viu, ele nos cumprimentou cheio de alegria e gratidão. Ele estava muito feliz porque ele não sentia nenhuma dor. O seu joelho estava funcionando bem. Ele já tinha até feito várias caminhadas com diferentes graus de dificuldade.

O bonito disto tudo foi que através desta cura o seu filho voltou a Jesus. Ele foi criado no cristianismo, mas depois de um certo tempo, ele decidiu seguir o seu próprio caminho sem Deus. Através da cura do seu pai, ele teve um encontro com Jesus de tal forma que ele se arrependeu e voltou aos caminhos do Senhor. Ele hoje frequenta a igreja e confia em Jesus mais do que antes.

Isto nos mostra que Deus tem seus próprios métodos de ajudar a cada pessoa. Deus não usa moldes,　padrões e nem responde através da „cultura de consumo automático" – entra oração e sai cura. Não! Tudo que precisamos fazer é simplesmente confiar.

Aqui você pode ver bem a área de conflito, sobre a qual eu falei anteriormente, onde cada pessoa se encontra quando ela decidi orar pelos outros. Você mesmo talvez não veja imediatamente algo, não sente nada, mas mesmo assim algo acontece. Imagina se nós não tivéssemos orado por este querido irmão. Isto teria sido uma tragédia.

Moça de cadeira de rodas volta a caminhar:

Trata-se novamente sobre um relato acontecido em Palma Mallorca, de novembro de 2013.

Uma menina de 16 anos de idade foi gravemente ferida depois de ter caído do segundo andar do apartamento onde ela morava.
A cirurgia de emergência demorou horas, pois além de várias fraturas, o seu pé esquerdo estava esmagado. Os médicos confirmaram que as fraturas eram tão graves que eram praticamente inoperáveis e por isso ela nunca mais poderia andar se apoiando neste pé. Através da queda, os ossos do pé ficaram pulverizados de tal forma que não existia mais a possibilidade de unir os pedaços. A mãe dela descreveu os ossos como se eles fossem uma pedra-pomes que tivesse sido esmagada. Os ossos pareciam migalhas espalhadas no pé.

Devido a esta deficiência, a família tinha que fazer ajustes nas condições de vida de forma geral. Mudança para um apartamento térreo e adaptado para cadeira de rodas, aquisição de um carro adequado, adaptações para cadeirantes no novo apartamento, financiamento para poder fazer tudo isso e muito mais. De repente este problema surgiu como se fosse uma grande montanha na frente desta família.

Andra e eu estávamos na nossa primeira conferência,
„Mas Fuego – Mas Gloria". Nós tínhamos convidado pastores amigos de La Plata na Argentina para juntos servirem conosco lá as pessoas de diferentes igrejas.

Pastor Raul e Betty Reyes são amigos nossos há muitos anos e eles lideram uma igreja com atualmente cerca de 2500 membros.
Também se ver nos seus ministérios muitas curas, sinais e milagres acontecerem.

Sábado à noite, a menina veio ao culto na sua cadeira de rodas juntamente com a sua família. O pastor Lorenzo, em cuja igreja estava ocorrendo a conferência, convidou esta família.

Eu sentia que ela seria curada hoje à noite e por isso aguardei com muita expectativa o momento da ministração.
Eu estava preparado!

Pastor Raul pregou naquela noite sobre a demonstração do poder de Deus e durante a pregação ele foi ao encontro da adolescente na cadeira de rodas. Eu sabia exatamente bem o que ele estava fazendo.
Mas que coisa – ele tinha sido mais rápido do que eu!

Mas felizmente nada disto tinha a ver comigo, mas sim tudo a ver com a menina e Jesus.

Ele orou por ela, pegou na sua mão e a pediu que se levantasse no nome de Jesus.

Naquele momento não se podia em toda a congregação se escutar nem sequer um barulho de uma agulha cair no chão.
Olhos abertos, mãos na boca para não gritar, uma grande expectativa e um tremendo silêncio estavam pairando no ar.

A menina através poder de Deus começou a se levantar, embora que ela estivesse somente usando o seu pé saudável. Ela ainda não estava parecendo estar tão confiante perante a congregação.
Mesmo assim, ela começou a se apoiar usando o seu pé quebrado, o pé esquerdo, e para o seu próprio espanto ela conseguia andar cada vez melhor.

De repente, ela ficou de pé se apoiando completamente no pé esquerdo. Logo depois, ela largou a mão do pastor Raul. Ela dava passos cuidadosos pelo salão da igreja, chorando de felicidade e gratidão.

Os pais, irmãos e muitos visitantes choravam também de alegria.

Mais tarde o pastor Lorenzo nos contou que ela foi andando para casa, não somente no domingo, mas também nos outros dias da semana.

Uma nova consulta ao médico trouxe uma grande confusão para os próprios médicos.

O médico tirou mais uma vez uma radiografia do pé e colocou a imagem avaliada de lado. Fez novamente uma outra radiografia e ele simplesmente não podia acreditar. Na opinião dos médicos, o aparelho de raio-x estava quebrado. O pé estava completamente curado, todos os ossos estavam juntos e no seu devido lugar. Ele até suspeitava de não se tratar da mesma paciente. O médico mandou que fizesse uma investigação mais aprofundada.

A cura da menina se espalhou por toda a cidade, já que o acidente e as suas consequências também tinham saído nos jornais. Muitas pessoas, que não acreditavam em Deus começaram a falar sobre um milagre de cura. Este testemunho foi verdadeiramente uma grande oportunidade dada a igreja para falar sobre o amor de Jesus para muitas pessoas

Em Janeiro de 2014, esta família não somente falou sobre o milagre que Jesus operou na vida da filha em várias igrejas, mas eles também deram uma entrevista numa revista local mostrando fotos e fatos médicos. Toda a entrevista foi imprimida numa revista local „Faxdepera" que cobre duas folhas e meia.
(uma cópia desta entrevista está guardada comigo para a minha recordação e também comprovação).

Jesus é maravilhoso!

**Eu amo Jesus e gosto de estar junto dele
quando ele opera milagres.**

Imagine por um instante os benefícios que esta cura trouxe para toda a família e as pessoas que estavam envolvidas.

Não existia mais a necessidade de mudança para uma casa adaptada à cadeira de rodas, carro especial, tratamentos de reabilitação durante toda a sua vida, sem contar o aspecto financeiro que seria uma grande montanha.

Imagine a quantidade de dinheiro que esta família economizou com seguro de saúde, considerando uma expectativa de vida de aproximadamente 70 anos. Custaria no mínimo 100.000 Euros. Na verdade, o diretor e os seus empregados deveriam entregar as suas vidas a Jesus neste caso.

> *Uma grande multidão dirigiu-se a Ele (Jesus),*
> *levando-lhe os aleijados, os cegos, os mancos,*
> *os mudos e muitos outros,*
> *e os colocaram aos seus pés;*
> *e ele os curou.*
> *O povo ficou admirado quando viu os mudos falando,*
> *os mancos curados, os aleijados andando e os cegos vendo.*
> *E louvaram o Deus de Israel.*
> Mateus 15:30 + 31

Isso foi escrito a quase 2000 anos atrás, porque foi desta forma que os discípulos vivenciaram Jesus. Eles andavam ao seu lado e foram testemunhas oculares de tudo aquilo que aconteceu.

E hoje somos nós testemunhas das mesmas coisas, porque nós também presenciamos e vimos com os nossos próprios olhos.

- Isso não existe! - Nós somos testemunhas oculares!
- Eu não acredito nisso! - Nós somos testemunhas oculares!
- Isso não se pode mais aceitar ao pé da letra! - Nós somos testemunhas oculares!
- Nos –presenciamos – isto!!!

Ah sim, a passagem bíblica recém citada fala dentre outros também de mudos, que de repente podiam falar.

Um mudo fala

Nós estávamos em 2010 numa grande conferência na Argentina, onde nós pregamos, ensinamos e oramos pelas pessoas.

Numa noite veio uma menina, ela tinha talvez 10 anos de idade, com sua mãe para o púlpito para que orássemos por ela. Neste momento o barulho era imenso. A mãe tentou explicar algo em espanhol, gesticulando com as mãos e apontando para a filha. Andra não sabia o que ela estava querendo dizer, pois ela não tinha um tradutor e o nível de barulho era extremo. A filha não falou nada, mas tudo isto não influenciou nada, pois Jesus já tinha entendido tudo.

Andra orou pela menina e ela de repente começou a conversar com a Andra, naturalmente em espanhol. A mãe estava completamente pasma e perguntou o que tinha acontecido. A mãe nos contou que a sua filha era muda e que nunca tinha falado uma só palavra em toda sua vida.

A menina agora comprovou publicamente diante de toda a congregação que ela podia falar.

Toda honra pertence a Jesus que comprova que sua Palavra não perdeu poder e nem e sua afirmação (Ver acima).

Nivelamento de pernas

Nesta mesma conferência, eu orei por uma adolescente, cujos pês e pernas estavam de tal maneira viradas para dentro, que sempre quando ela caminhava um pé tropeçava no outro e por isso ela frequentemente tropeçava e caía.
Este problema a irritava muito, pois os outros adolescentes zombavam e riam muito dela. E além do mais, esta deficiência não combinava com uma jovem dama.

Eu orei pelas suas pernas e ordenei que em nome de Jesus elas voltassem a posição normal.
A perna esquerda se endireitou imediatamente e ela se moveu como se fosse uma porta automática. A perna direita permaneceu para dentro. A aparência estava ainda um pouco estranha, porém não tão ruim como antes, pelo menos já estávamos no meio do caminho. Ela já estava muito feliz, pois desta forma ela já podia caminhar bem melhor.

Eu a incentivei a vir à noite seguinte, caso nenhuma mudança tivesse ocorrida. Nos iríamos orar novamente, pois acreditavamos que Jesus iria colocar um ponto final neste assunto.

Na noite seguinte ela estava mais uma vez na minha frente. A perna esquerda continuava reta. Ela decidiu não desistir. Eu orei pela perna direita e dentro de poucos segundos, ela estava reta igual a outra.
Neste caso, Jesus a curou em duas etapas.

Talvez você questione, porque desta forma?
Eu não sei.
Porém o que eu sei é que com Jesus não existe um método firme nem um modelo, mas Ele responde de maneira pessoal e individual a cada pessoa que o busca com coração confiante.
Por isso orar por pessoas é algo fascinante. É necessário que você ouça o quê e também como Jesus quer operar em um tempo determinado.

Visão reta

Nesta mesma conferência veio um menino a frente para orar com talvez 5 ou 6 anos de idade e ele me olhou diretamente nos olhos.

Nossa! Ele nem precisava me dizer o motivo do pedido da oração, pois já dava para ver! Ele praticamente olhava com o olho esquerdo para o bolso direito da calça. Eu até então nunca tinha visto um desvio de visão tão forte.

Eu coloquei a minha mão sobre o olho afetado e orei por ele. Logo depois que eu tirei minha mão e ordenei ao olho que em nome de Jesus se endireitasse. Logo depois da oração, a pupila estava reta e ele podia ver normalmente.

Este milagre foi fantástico de se observar.

Um desenvolvimento impressionante

Passo a passo

Quando eu olho para os anos que se passaram, posso ver como Jesus passo a passo me guiou. Ele me mostrou verdades e princípios na sua Palavra e me ajudou as praticar. Eu nunca teria imaginado que um dia eu fosse viver o que contei e descrevi neste livro. E tudo isto é a pura verdade e me deixa animado. Certamente muito mais coisas irão acontecer, na igreja, onde servimos e em todos os lugares onde falamos e oramos pelas pessoas.

Não somente a quantidade, mas também o nível de qualidade aumenta. No início eram as pequenas "dorzinhas" que desapareciam, como por exemplo dor de cabeça e dores no corpo e daí então, as curas também começaram a "ficar maiores" quanto mais tempo agente perseverava em oração pelas pessoas no nome de Jesus. Nós nunca desistimos, mesmo quando não víamos nenhum resultado.

Você mesmo é uma testemunha daquilo que nós descrevemos e vivenciamos.

Para mim é também interessante perceber que eu não estou sozinho. Eu conheço a cada dia mais pessoas que vivenciaram um desenvolvimento parecido em suas vidas e que também estão ainda nesse processo de aprendizado. Curas, milagres, intervenção divina crescem em congregações que permitem a ação do Espírito Santo.

Tudo isto aconteceu em vários tempos da nossa história. Houve nos anos 40, 50 e também em outros anos fortes movimentos de curas, pelos quais milhares de pessoas vieram a conhecer Jesus e o aceitaram como Senhor.

De volta a força

Este é um desejo de Deus para a Sua igreja, para os Seus filhos e representantes aqui nesta terra. Nós temos um Deus forte, sobrenatural e um grande operador de milagres! O Espírito Santo está a restaurar o poder, os milagres e maravilhas do tempo da igreja primitiva. Como seguidor de Jesus, você foi chamado para representa-lo de maneira digna; a Bíblia é muito clara sobre isto. Certamente existem chamados e unções específicas dependendo do plano de Deus para cada pessoa, no entanto existem um chamado e um equipamento que foi dado para todo o crente

Alguns, por exemplo, foram convocados para ser evangelistas com uma ordem específica, porém todos os cristãos foram ordenados a compartilhar o evangelho. É assim também que funciona todos os outros chamados.

Atos dos Apóstolos 29

Se você abrir a sua Bíblia e procurar o capítulo 29 de Atos dos Apóstolos, provavelmente ficará surpreendido quando descobrir que esse capítulo simplesmente não existe.

Como assim? Será que isto é uma piada?

A explicação é bem simples. O livro de Atos dos Apóstolos descreve o surgimento da igreja primitiva, o que eles faziam, seu desenvolvimento e o agir em completa autoridade e poder através de certos indivíduos e grupos.

Este livro descreve o triunfo do Evangelho de Jesus e do Reino de Deus e está cheio de sinais e milagres que a abalaram uma sociedade. Ok – tinham muitas pessoas que não queriam este movimento e por isso elas lutaram contra a igreja. No entanto, a situação hoje em dia não é nada diferente.

Digo-lhes a verdade:
Aquele que crê em mim fará
também as obras que eu tenho realizado.
Fará coisas ainda maiores do que estas,
porque eu estou indo para o Pai.
João 14:12

Gente! Verdadeiramente ainda estou a quilômetros de distância deste versículo. No entanto, esta é a vontade explícita de Jesus para a minha vida. "Quem crer em mim" é o único pré-requisito para aceitar esta Palavra. O meu campo de treinamento é simplesmente a diferença entre as minhas ações e aquilo de Jesus falou.

O capítulo 29 é o **SEU** capítulo. Deus deseja que **você** mesmo o escreva, enchendo-o com as grandes coisas que **você** aprende e vivencia, para que através destas coisas outras pessoas venham a conhecer Jesus e experimentar do seu poder. **Sua** vida deve ser cheia de experiências sobrenaturais, porque **você** tem e serve um Deus sobrenatural. Este é também o meu Deus.

Não exigir nada de Deus

Eu já ouvi várias pessoas me dizerem que nós não devemos e nem podemos impor a Deus a fazer nada. Isto é importante e também certo. Esta palavra que recebi estava diretamente ligada com o fato de que eu deveria orar crendo e confiando na Palavra de Deus.

Por exemplo, eu orei por um doente e disse: está escrito que nós somos curados através das suas feridas. Seja curado no nome de Jesus.

Isso foi bem no início do meu processo de desenvolvimento espiritual.
Então, frequentemente, esta palavra entrava na minha cabeça: „Você não pode impor e nem obrigar a Deus dizendo o que Ele deve fazer"

A princípio eu fiquei impressionado com esta afirmação, porque eu ouvia esta palavra de vários líderes espirituais e por isso pensei que eles deviam ter razão. Mas depois de um certo tempo, Jesus me revelou que esta palavra era um grande „bloqueio" na minha vida. Eu não precisaria mais ter nenhum tipo de expectativa, eu rejeitaria qualquer tipo de autoridade que me foi dada e no final de tudo, acabaria culpando Deus, porque ELE não faz nada e eu não tenho nada a ver com isto. Desta forma eu sairia desta situação como uma grande vítima.

Eu quero ilustrar dando um exemplo.
Você recebe um maravilhoso carro de presente, com tudo o que tem direito. Completo – Que benção!
Então você lê o manual de instrução (algo que você deve realmente fazer) e se dá conta:
Este carro pode fazer mais do que imaginei!

Ai você começa a dirigir o carro. No meio do caminho você quer abrir a janela do passageiro e já logo liga para o fabricante. „O senhor poderia abrir a janela para mim? " - Se o senhor quiser ou puder! "

O mesmo você faz quando quiser ligar o ar condicionado. Liga para o fabricante e pede para ele, caso ele puder ou quiser, liga-lo.
Isso é uma piada – ninguém age desta forma. É por isso que as coisas são descritas e explicadas num manual, para que nós podessemos usá-las.

Exaaaaaaatameeeeeeente!!!!
Neste caso, ninguém nunca pensaria que eu deveria impor alguma coisa para o fabricante, ao usar todos os acessórios técnicos, pois foi para isto que o fabricante os criou e construiu no carro.

Fato

Assim também é com a Palavra de Deus. Ela também serve como um manual do usuário para a criação "homem" e na Palavra nós achamos instruções muito exatas sobre o que podemos fazer, o que devemos largar e como devemos lidar com certas coisas.

Se Deus fala: Jesus carregou todos os seus pecados na cruz e morreu por você, então você pode e deve aceitar isto. Se você toma posse desta palavra, então isto não significa que você está impondo Deus a fazer algo, mas isto quer dizer que você está levando a Palavra de Deus a sério e que você está grato por tudo aquilo que Ele fez por você. Isto não é lógico?
A Bíblia está cheia de fatos os quais nós devemos tomar posse.

Se Jesus diz: „Eu nunca te deixarei e nem te abandonarei" e "eu estarei contigo até o fim dos tempos" então podemos aceitar isto como um **fato**. É realmente algo completamente ilógico e até mesmo um sinal de que eu não confio NELE e até duvido DELE quando oro pedindo a Deus: „Senhor por favor não me abandone".

Como? - O que ELE acabou de falar? Eu nunca te abandonarei!
E você fala: Senhor, por favor, não me abandona!
Isso é grosseiro e até ilógico. Mas, infelizmente, muitos cristãos agem desta forma e inconscientemente acabam formando uma falsa e também fraca imagem de Jesus

Eu sei o que eu estou dizendo, porque eu também pensava assim até que Jesus me mostrou algo diferente. Isso mudou muita coisa.

Eu agradeço a Deus pela sua afirmação e em situações difíceis eu decido me apegar nela. „Obrigado Jesus! Obrigado porque você prometeu que nunca irás me deixar só"
Esta é o tipo de fé que agrada a Deus.

Se Deus diz: Pelas feridas de Jesus fomos curados, então isto é o **fato**.

107

Ou seja, aqui nós vimos uma forma do passado simples. Está concluído. Fim. Está Palavra foi colocada em nós e está disponível. O direito de usar é seu sem necessidade de questionamento ao fabricante. Ponto final.

Autoridade transferida: **Fato**!
Transferência de poder : **Fato**!
Diabo vencido: **Fato**!
Chamados para o Seu Reino: **Fato**!
Seguidores de sinais e milagres: **Fato**!
E muito mais: **Fato**!

Esta é a minha experiência, minha vida com Jesus e a minha caminhada de fé. Eu não entendo tudo, não tenho uma resposta para tudo, mas eu também não preciso saber de tudo. Eu aprendo diariamente e vejo como as coisas da fé a cada vez mais se desenvolvem e tomam lugar na minha vida.

Eu comecei a escrever meu próprio CAPÍTULO 29 e eu digo a você com muita empolgação: Eu ainda não estou pronto – a melhor parte ainda está por vir, porque Jesus me prometeu assim: eu cito mais uma vez:

Digo-lhes a verdade:
Aquele que crê em mim (e faço isto!)
fará também as obras que eu tenho realizado.
Fará coisas ainda maiores do que estas,
porque eu estou indo para o Pai.
(Que futuro emocionante para mim)
João 14:12

Sim! Deixe que esta jornada aventurosa de fé te leve.

Você conhece Jesus?

Não pode ser

Você leu este livro até aqui e talvez você pense: não pode ser! Nunca vi e nem ouvi sobre Jesus desta forma. Eu conheço Deus ou Jesus somente das aulas de religião e confesso que era um pouco chato. Minha avó também me falou de Jesus, mas não achava muito interessante. Este Jesus e tudo relacionado à fé somente é para pessoas fracas e sem autoestima.

Aí é que você se engana profundamente! Jesus, o filho de Deus, vive e Ele te ama e estende a Sua mão para você. Ele quer te salvar e perdoar os teus pecados. A raiz do pecado não são somente as coisas que você fez ou deixou de fazer, mas sim o fato de você não acreditar no nome de Jesus. Isto se coloca entre você e Deus e pode um dia te impedir de você ir aos céus.

E como uma pessoa ferida que não pode mais salvar a si mesmo. Não existe um tipo de salvação própria. Não basta para a pessoa que está ferida saber que existe um atendimento de emergência – ele precisa também telefonar para os primeiros socorros! Ele precisa confiar no atendimento de emergência.

Não basta apenas ter ouvido falar de Jesus e então esperar que ELE irá fazer tudo. Jesus está esperando o teu convite, para que ele possa te salvar. Tudo que é necessário já está pronto. Talvez alguém nunca te disso isto antes. Talvez você está decepcionado com a tua igreja ou com pessoas.

E isso pode mudar. Convide Jesus para entrar na tua vida, conheça ELE e deixe que ELE seja o teu Senhor. Você vai ver que Jesus é diferente daquele que talvez outras pessoas tenham te falado.

Desculpa – pelas informações que os outros te passaram. Uma vida sem Jesus é chata, sem sentido, sem futuro e com certeza para fracos. Pessoas sem Jesus não tem ideia da liberdade, da paz, da alegria, da empolgação, da força e do poder que a vida aqui na terra pode ter. Além disso, ter Jesus é ter uma vida na eternidade com Ele.

Onde você passará a eternidade? Se existe verdadeiramente a vida após a morte? É importante ter uma resposta para todas estas questões existenciais da vida. Nós nos preocupamos e nos ocupamos com muitas coisas na nossa vida cotidiana, no entanto tentemos a esquecer de tomar providências perante a Jesus em relação à eternidade.

Jesus é a resposta de Deus para o nosso estado de estar perdido.Um dia você terá que enfrentar esta decisão. O mais tardar, quando você estiver na frente Dele, mas daí então será tarde demais.

Decida agora a viver com Jesus e a dar a tua vida a Ele. Não espere por um momento mais tarde ou melhor. Isto não existe. O que vale é o agora, porque de repente, tudo pode ser tarde demais.

Eu te convido a ter uma nova vida com Jesus, a vivenciar o Seu amor, a Sua força e o Seu perdão e que você possa deixar que Ele te ajude nos problemas e nas doenças.
Confie Nele!

Você se pergunta, como você deve fazer isso?

Apenas fale com Jesus!
Você não precisa primeiramente mudar, tornar-se melhor ou algo assim.
Apenas diga a Ele em que estado e em quais condições você se encontra neste momento.

Convide e aceite a Jesus na sua vida. Confie e creia Nele.

A Bíblia fala:

Contudo, aos que o (Jesus) receberam,
aos que creram em seu nome,
deu-lhes o direito (o poder, a autoridade)
de se tornarem filhos de Deus.
João 1:12

Pois com o coração se crê para justiça,
e com a boca se confessa para salvação.
Romanos 10:10

Não é difícil. Mas esta decisão ninguém pode tomar por você. Teus pais não podem, tua avó não pode, aqueles que talvez oram há algum tempo por você não podem, até mesmo a igreja, seja lá como se chama e o que ela te prometeu não pode tomar esta decisão por você. É somente entre você e Jesus. Somente vocês dois podem esclarecer este ponto.

Jesus nunca irá te forçar a fazer nada, mas você deve pensar bem sobre isso, pois as coisas na vida podem mudar muito rapidamente. Quanto a isto irei escrever mais neste livro.

Ore agora, não importa a situação que você esteja passando, e entregue a sua vida nas mãos de Jesus, pois Ele é o Senhor mais maravilhoso, mais amoroso, mais poderoso e mais misericordioso que o mundo já viu ou que irá ver.

Jesus Cristo

Oração para obter a salvação

Se você quer conhecer Jesus e sabe que precisa de perdão e salvação, eu te convido a orar a seguinte oração em voz alta, de forma sincera e com muita confiança:

Senhor Jesus Cristo,

eu creio e confesso que você é o filho de Deus

e que veio a terra para me salvar.

Você morreu na cruz por mim

e você levou sobre si os meus pecados para que eu seja livre.

Você ressuscitou e vive.

Eu confesso a ti os meus pecados

e te peço por favor que me purifiques.

Eu te recebo na minha vida.

Tu és o meu Senhor e Salvador!

Espírito Santo,

por favor me enche com o poder de Deus

para que eu possa crescer na fé

e que eu veja Jesus mais e mais.

Amém.

Como seguir daqui por diante

Parabéns! Você é agora um Filho de Deus! Bem-vindo a família de Deus!
Você tomou um novo caminho com Jesus ao seu lado. A Bíblia chama disto de um "novo nascimento". Isto não tem nada a ver com a reencarnação. Você não volta a terra com um outro tipo de vida. Através do Espírito Santo de Deus, você se tornou uma nova criatura. Nenhuma mudança exterior aconteceu, porém espiritualmente aconteceu algo maravilhoso.

> *Portanto, se alguém está em Cristo,*
> *é uma nova criatura.*
> *As coisas antigas já passaram;*
> *eis que surgiram coisas novas*
> 2 Coríntios 5:17

Agora a tua nova vida em Cristo deve crescer e ficar forte.

Assim como um recém-nascido precisa de cuidado, proteção e apoio no processo de aprendizado, você também precisa disto para crescer na fé. Você precisa de pessoas que conheçam e seguem a Jesus. Pessoas que possam te mostrar e explicar como você pode viver e falar com Jesus. A propósito, falar com Jesus chama-se orar. Não falo necessariamente uma oração pré-formulada, mas um tipo de oração livre onde você expressa tudo aquilo que está no seu coração.

Leia a Bíblia. Neste caso, recomendaria você começar a leitura no novo testamento, pois nele você irá conhecer melhor a pessoa de Jesus e saber o que ELE fez e o que ELE disse. Você certamente pode confiar em JESUS e em SUA palavra. Você verá que ler a bíblia é algo muito mais interessante do que você possa imaginar.

Você precisa também de uma congregação viva, onde você sinta-se em casa. Uma comunidade onde há pessoas que amam a Jesus e que falam com muito ânimo das maravilhosas coisas que JESUS tem feito.

Um lugar onde o Espírito Santo tenha plena liberdade para fazer milagres. Onde as pessoas orem com você e com outras pessoas. Onde há cura, libertação e restauração sejam algo muito normal. Onde você possa usar os seus dons e talentos. Um lugar onde você possa crescer.
Existem mais grupos e igrejas do que você pensa.

Você sabia que agora a tua vida está nas mãos e no cuidado de Jesus? Ele agora tem a autorização para colocar algumas coisas na tua vida em ordem e também te ajudar.

Você verá!

De repente acontece tudo diferente

Arriscado a morrer

Relato

Eu falei anteriormente, que as coisas podem mudar mais rápido do que você imagina. Esta palavra estava diretamente ligada à decisão que você tomou em aceitar Jesus. E eu falei sério quando fiz este comentário.

Ok – aqui vai a minha história.

Sábado, 15 de fevereiro 2014 – parecia ser um dia normal

Depois de um café da manhã calmo com a minha esposa, eu me arrumei para ir ao meu trabalho. Vesti o uniforme, conferi se tinha todo o equipamento necessário, verifiquei a minha agenda para saber se tinha algo agendado para depois do trabalho.

Ah, sim! – às 19 horas estava marcado o encontro de jovens da nossa igreja. Este é um momento que temos para falar de Jesus, de Deus, do mundo e de tudo que os jovens estejam passando.

Eles são sempre desejosos e também cheios de expectativa para nos ouvir, principalmente porque nós contamos sobre as nossas experiências com Jesus durante as nossas viagens missionárias. Nos nossos encontros, nós falamos também sobre a forma como lidamos com certas situações através da ajuda e da sabedoria de Deus. Muitas vezes eles gostam simplesmente de sentar e bater um papo com o casal „idoso".

Eu já estava ansioso para estar com a juventude.

„Ok, meu amor! Eu já estou pronto. Tenha uma ótima tarde, até logo. Eu te amo! "
Um beijo carinhoso e amoroso é obrigatório – claro!

Eu peguei a minha bolsa e foi logo em seguida direto para o local do trabalho.

Chegando no escritório, eu preparei o plano de início do turno para toda a minha equipe. Verifiquei o quadro de trabalho e da patrulha, certifiquei-me se houve alguma isenção de trabalho por causa de doença ou questões pessoais durante os dois de folga que tivemos.

O que foi que o chefe mandou fazer durante o plantão deste fim de semana? Tinham muitas coisas que deviam ser organizadas.

Reunião do plantão das 12 horas - a contagem regressiva começou

Os jovens da minha equipe já tinham chegado. Eles pegaram as suas coisas e estavam prontos para começar a reunião. Na reunião, nós falamos de tudo aquilo que é importante saber. E como sempre uma rodada de café quente e forte para acompanhar. (Eu gosto de café!)

Depois da reunião, nós conversamos um pouco sobre a vida em geral. Logo então, eu vou ao encontro do meu computador para fazer o meu trabalho. Claro, pois é para isto que estou lá.

Eu percebi que enquanto eu escrevia algo, o meu braço direito adormeceu. Nunca tinha sentido isto antes. Eu sacudi o meu braço, pois pensei que talvez tinha machucado algum nervo do cotovelo. No entanto, nada de melhoras. Muito pelo contrário, senti que os sintomas estavam piorando. Eu notei que esta sensação dormente se espalha pelo meu lado direito, sem dor ou qualquer tipo de aviso. Simplesmente assim.

Eu notei que o meu lado direito não estava somente dormente, mas também sem força. Eu tive que fazer um grande esforço para não cair da cadeira. Isto certamente não era nada normal e nem era o meu jeito de levantar da cadeira. De repente eu me senti como se fosse uma água derramada e toda espalhada pela cadeira

Na minha cabeça rodavam vários tipos de pensamentos.
Ataque cardíaco? Acidente vascular cerebral? O que mais? O que eu faço agora?
Era necessário tomar uma decisão rápida. Várias coisas passaram pela minha cabeça.

Eu fui formado para isto, tomar decisões em situações de crise e tentar manter tudo sob controle da melhor forma possível. Praticamente eu era um tipo de gestor de emergências e também chefe de equipe.

Eu agora tinha que praticar aquilo que aprendi, não importando se esta situação estava atingindo a minha pessoa. Na minha cabeça veio como um programa aquilo que aprendi e daí verifiquei qual seria a melhor forma de sair deste cenário.

Então eu chamei dois colegas que estavam por perto, descrevi brevemente a minha situação para que eles pudessem estar a par do problema e logo em seguinte fiz o seguinte pedido a um colega: "fica por favor comigo, cuida para que eu não caia da cadeira e continue a observar a minha condição. "

Para o outro colega eu disse: "Por favor chame o médico de urgência, ligue para o chefe em casa e avise a ele o que aconteceu. Provavelmente, eu precisarei ser levado ao setor de emergência".

Um terceiro colega, que tinha tomado conhecimento da situação, ficou encarregado de avisar a minha esposa e dizer a ela que eu teria que ser levado para o hospital e que ela também deveria ir para lá.

Daí então, eu ainda tive tempo de organizar o meu trabalho, desliguei o meu computador e logo em seguida o médico chegou em uma ambulância.
Ao chegar, ele me cumprimentou, fez alguns exames curtos e intensivos e dentro de pouco tempo ele ficou muito sério e disse: „vamos rápido para o setor de emergência. Suspeita de derrame cerebral"!

117

Uma viagem ao blecaute

Eu já estive várias vezes em uma ambulância como acompanhante. Aquele tipo de ambulância que quase decola da rua com sirene alta indo a caminho do hospital mais próximo. No entanto, eu nunca era o paciente. Foi um sentimento que nunca tinha tido antes.

Se alguém me perguntar hoje se eu tive medo, eu diria não com uma consciência limpa. Eu sabia que algo estava errado, muiiiiiito errado. Para mim, era muito claro que agora isto tudo era uma questão existencial.

Acima de tudo, eu sabia com 100% de certeza que minha vida está nas mãos de Deus. Eu estou em boas mãos e ELE tem tudo sob controle. Não importa como as coisas terminam.
Ou vai estar tudo bem de novo ou eu vou estar com Jesus e ver ELE face a face. O objetivo da minha vida seria alcançado. Por isso, o medo não tinha chance de se espalhar em mim.

Na verdade eu não queria partir, eu tinha tanto ainda pela frente, meus objetivos e visões para a minha vida ainda não tinham sido alcançados. Mas naquele momento, eu sabia que eu não tinha mais o controle da situação.

Enquanto eu estava deitado na maca e passava pelos corredores em direção a unidade de exames, eu orei: „Senhor Jesus, a minha vida está nas Tuas mãos! "

Com esta oração eu tinha feito tudo o que podia fazer naquele momento.

De repente tudo ficou preto, eu desmaiei e senti como se fosse noite e escuro. Escuro como um breu. Sem nenhuma fase de transição entre uma situação à outra. Tudo aconteceu de uma hora para a outra. Nunca tinha passado por isto. Sem pegar no sono, sem cair em sonhos - simplesmente aconteceu como se alguém tivesse virado a chave e de repente eu apeguei.

Daqui por diante, tudo que irei descrever foram informações que Andra passou para mim.

Ela foi informada pelos meus colegas de trabalho na noite do acontecido. Os meus colegas a levaram no carro de patrulha, pois eles não queriam que ela dirigisse sozinha neste estado tão emergencial.

Antes de ela sair, Andra disse para eles: "Só um momento, eu ainda preciso telefonar. " Então ela ligou para um amigo da igreja que faz parte da equipe de liderança. „Por favor orem, pois Günther está no hospital e parece ser algo sério, mas ainda não tenho mais detalhes."

Logo em seguida, eles foram para o hospital, e Andra foi atrás do carro de patrulha. O que é que estava a sua espera? Foi o beijo de despedida dado depois do café da manhã e antes do seu trabalho o último beijo que recebeu do seu marido? Isto aconteceu somente cerca de três horas atrás.

O amigo da igreja ativou o que chamamos de "corrente de oração", ou seja, ele ligou para uma outra pessoa da liderança e passou a informação em relação ao Günther e o pedido para que outras pessoas orassem. Então este pedido de oração passou por toda a liderança, depois para os membros da igreja e assim o número de intercessores foi aumentando e a corrente de oração continuava a crescer.

Eu vou tentar resumir ao máximo para evitar entrar muito em detalhes. Andra ficou todo o tempo comigo, mas eu não percebia nada. Ela falava com os médicos sobre certas medidas a serem tomadas e outras poderiam ser rejeitadas. Graças a Deus! Nós conversamos muito sobre este assunto antes do ocorrido. Neste momento ela estava calma, concentrada e a paz de Deus pairava sobre ela.

É claro que ela estava tensa, mas não depressiva e nem histérica.

Os médicos que tinham feito o exame, deram o seguinte diagnóstico:

Uma forte hemorragia cerebral, na região central do cérebro.
No centro da fala, da memória,
da capacidade de planejar e da coordenação

Operar não seria possível porque partes importantes e relativamente grandes do cérebro sofreriam danos irreparáveis durante a operação.
Isso teria como consequência que a hemorragia talvez poderia ter sido estancada, mas depois com 100% de certeza eu me tornaria um paciente de cama.

Os médicos me disseram que eu deveria deixar a natureza trabalhar por si próprio e então no mais tardar em dois dias eu estaria morto.
A hemorragia não iria parar por conta própria devido a sua intensidade.
Os médicos foram sinceros, diretos e não transmitiram falsas esperanças.

Mas eles não contavam com as orações de pessoas que amam e conhecem a Deus e a Sua natureza. Pessoas que várias vezes já vivenciaram que uma oração cheia de fé opera milagres.

As orações foram atendidas!

O primeiro milagre de Deus tornou-se visível!

De repente,para o espanto dos médicos e da sua equipe, o sangramento parou. Para eles isto era uma situação inexplicável e aos olhos da medicina simplesmente impossível. Até este momento, eles nunca tinham se deparado com tal situação. Os corajosos batalhadores pela vida, estes homens e mulheres que frequentemente enfrentam a morte e muitas vezes acabam perdendo, foram surpreendidos pelo poder de Deus.

Uma enfermeira disse que ela era ateia, porém ela reconheceu que o que estava acontecendo era um milagre.

A equipe médica decidiu colocar-me em coma e baixar a temperatura do meu corpo a fim de relaxar e aliviar todo o organismo.
(para vocês que me conhecem, sabem que eu não sou friorento. O frio nunca me incomodou)

Eu permaneci em coma por aproximadamente 10 dias. Durante este tempo, eu não tive experiências de estar à beira da morte nem mesmo de ver vultos ou coisas parecidas. Tudo era simplesmente escuro e quieto.

Eu tive sonhos e visões, mas não sei exatamente dizer em que momento eu os tive. Pode ser que este sonhos e visões apareceram durante o período do coma ou durante o período em que os médicos estavam a induzir o meu despertar.

De qualquer maneira foi algo mais do que real, um contato com um mundo invisível – uma experiência extrema, muito extrema.
Confrontos vitoriosos com poderes espirituais e muito mais. No entanto, eu decidi não falar sobre isto.

Na fase de despertar do coma, os médicos esclareceram a Andra que ela não deveria ter grandes esperanças, por causa da hemorragia que tinha se espalhado em grande quantidade. Devido à quantidade de sangue, formou-se um hematoma que comprimia os tecidos do cérebro. Uma drenagem para eliminação ou extração do sangue não seria possível pelas razões já anteriormente descritas.

Andra passou também estas informações aos irmãos da igreja que continuavam orando. Enquanto isso, oravam por nós também amigos e irmãos na Alemanha, Europa, América do Sul, Índia e nos EUA. As informações e pedidos de oração chegaram até eles através da internet. Neste caso a internet serviu para algo bom.

E o segundo milagre aconteceu!

Eu acordei, ainda bastante fraco e um pouco sonolento, mas não tinha perdido nem a minha fala e nem os idiomas estrangeiros que aprendi. Todas as minhas lembranças e a capacidade de reconhecer, planejar e assim por diante não tinham desaparecido.

Você pode imaginar tamanha alegria e gratidão que os nossos amigos, Andra e eu tivemos. O Senhor Jesus me salvou da beira da morte.

Durante um momento de oração e de espera no Senhor, Andra recebeu da parte de Jesus uma visão. Ela viu a forte mão de Deus sobre a minha cabeça e partir deste momento ela sabia: Deus toma conta de tudo e Günther está protegido e salvo pelo nosso Pai celestial! Esta visão a deixou tranquila e trouxe ao seu coração muita paz mesmo em tempos difíceis e turbulentos.

Mas mesmo assim tinha um problema.

O lado direito do meu corpo estava paralisado.

O braço estava totalmente inútil e sem forças. Eu não conseguia ficar de pé, por isso eu estava limitado a ficar deitado na cama ou sentado na cadeira de rodas.
A musculatura do lado direito foi completamente afetada. Eu tive uma sensação como se tivesse levado uma injeção, cujo efeito estava terminando. O cérebro desconectou as ligações nervosas e simplesmente apagou-as do programa.

Este prognóstico não era nada bom, mas pelo menos eu estava vivo! E por isso sou eternamente grato a Deus.

Eu estive a ponto de morrer e de repente a minha vida aqui estava para acabar, e daí eu estaria na eternidade com Jesus.

Eu não tive medo. Eu tinha e tenho a absoluta consciência que eu sou salvo e que vou viver na eternidade com Jesus.

Deus é o Senhor sobre a vida e a morte, e o meu tempo está nas mãos Dele. Eu fico feliz em saber que o meu dia chegará.

Não desistir!

Mas eu também gosto de viver! E para ser sincero eu ainda não estava pronto para partir.

Na centro de reabilitação veio uma psicóloga a mim e nós conversamos sobre vários assuntos. Durante a nossa coversa, ela me perguntou se eu tive ou tenho pensamentos suicidas. (Mais tarde fiquei sabendo que não são raros os casos de pessoas que têm esses tipos de pensamentos diante dessas circunstâncias, porque elas não veem mais nenhuma perspectiva para o futuro.)

Como Assim?! Eu e o suicídio!
Que piada!

Eu era e ainda continuo sendo motivado e cheio de vontade de viver! Deus acrescentou os meus dias aqui na terra para que eu os aproveitem. ELE me/nos mostrou nos anos anteriores tudo aquilo que ELE ainda quer fazer através das nossas vidas. E até aqui, nós ainda estávamos começando a descobrir os Seus caminhos.

No entanto, existia uma cadeira de rodas entre a caminhada e a minha situação.

Novamente eu estava em uma situação que não era nada fácil, e eu tinha que aprender a superá-la de forma vitoriosa.

Eu tive que começar a superar obstáculos.

A mudança de vida veio da noite para o dia. O que antes parecia ser tão importante, agora já não era mais. Os planos que fizemos para o ano foram todos cancelados. Na semana seguinte iríamos esquiar e depois fazer parte de um seminário de cura na Áustria. Em abril/maio estava marcada a nossa viagem anual de missões para Argentina e o Brasil. Os voos, hotéis, carro que iríamos alugar tudo isso já tinha sido reservado e pago. Os cultos das nossas igrejas parceiras já estavam todos agendados, etc. Tudo foi eliminado!

Eu agradecia todos os dias a Jesus pela minha vida e me concentrava somente na minha reabilitação. Gostaria aqui de agradecer a ajuda profissional e a gentileza que eu recebi durante este tempo. Deus abençoe vocês por isso.

Outros milagres continuaram a acontecer. Eu tive a permissão de sair do centro de reabilitação por algumas horas do dia para ir aos cultos nos domingos. Um casal amigo nosso e também pastores de uma igreja na Áustria vieram para um evento na nossa igreja, onde eu também pude estar presente.
Bem-vindo de volta a vida espiritual.

Gostei muito!

Durante o evento, eles oraram por mim e o que eu não conseguia fazer antes, de repente consegui. A parte de cima do polegar da minha mão direita se moveu, quando eu dei o comando. Eu era capaz de até controlá-lo apesar de que, segundo os médicos, os nervos não estavam mais ativos.
Eu chorei de alegria, porque eu vi isto como um sinal de Deus, pois Ele tinha começado a trazer cura para minha vida.

Dedão para cima! Curti muito!
Deus tem um fantástico senso de humor, pois Ele começou a me curar pelo dedo polegar.

De volta para a reabilitação no dia seguinte veio a fisioterapeuta e perguntou como tinha sido o final de semana. Sem dizer uma palavra levantei o meu dedo polegar para ela e o movimentei. Demorou só um instante e então ela gritou „Impossível, isso não existe, não pode ser, o dedão não pode se mexer." Ela saiu correu pelo corredor do hospital e chamou as enfermeiras, os enfermeiros, os técnicos e os outros fisioterapeutas.

Como uma apresentação de circo, eu tive que fazer o movimento do dedo para cada um que aparecesse. Polegar mexe, mexe, mexe. Eles aplaudiram, expressaram sua surpresa e perplexos me perguntavam como isso poderia ter acontecido.

Para mim foi uma maravilhosa oportunidade de conversar com eles sobre Jesus.

Eu sabia que eu devia recomeçar a fazer as coisas que Deus tinha me confiado e que eu podia fazer. Estas coisas eram pregar e orar pelas pessoas.

Jesus estava ao meu lado.

Sentado na cadeira de rodas, eu impus a minha mão saudável sobre as pessoas e elas ficavam curadas. Pessoas foram tocadas através da pregação e transformadas. Quem teria pensado que isto aconteceria?

Na minha cabeça, existia uma guerra de pensamentos. „Você está ficando louco! Olhe para você mesmo. Você é um deformado e se atreve a orar pelas pessoas?

Então assim se seguiu. Passo a passo eu fui reconquistando o meu ministério. Sempre seguindo para frente e jamais desistir.

A reabilitação ainda hoje é intensiva e muito cansativa. Ás vezes volto para casa no meio do dia e caio como morto na cama. (Ainda bem que neste sentido é somente uma força de expressão).

Eu ainda estou muito debilitado para pensar em voltar a trabalhar na polícia, porém um dia eu vou estar em forma novamente e talvez irei poder voltar a trabalhar, a comer sem ajuda, a tomar banho, e fazer outras coisas que fazem parte da vida. Atualmente é preciso ter tempo, paciência e perseverança.

Deus vai me ajudar, isso é tão certo quanto o amém na igreja.
(**Observação:** Setembro 2016: depois de 7 semanas de um programa de reintegração, eu voltei a trabalhar na polícia. Estou no serviço interno – mas voltei novamente a estar em ação! Aleluia – Toda honra seja a Jesus – Ele é demais! Obrigado Jesus!)

Pois estou convencido de que nem morte nem vida,
nem anjos nem demônios nem o presente nem o futuro,
nem quaisquer poderes, nem altura nem profundidade,
*nem qualquer outra coisa na criação será capaz de nos (**ME**)*
separar do amor de Deus que está em Cristo Jesus,
*nosso (**MEU**) Senhor.*
Romanos 8:38 + 39

Cântico de Peregrinação
„Levanto meus olhos para os montes e pergunto:
De onde me vem o socorro?
O meu socorro vem do SENHOR,
que fez os céus e a terra. "
Salmos 121:1 + 2

A vida não é brincadeira

Talvez você se pergunte, por quê será que ele está me falando tudo isso agora? Isso contradiz tudo o que ele escreveu no livro. E quanto ao fato de que „Deus é bom"?

Simplesmente uma coisa está ligada à outra.Eu não seria sincero, se ocultasse coisas que deveriam ser expostas. Não teria nenhum sentido. Muito pelo contrário, através disto, eu quero expor a minha opinião, pois tudo o que eu descrevi aconteceu. Creio que existe esperança, que Deus opera e que Ele ainda continua sendo bom, mesmo quando existem situações que no momento não entendo ou não posso explicar.

Se tudo corresse bem na vida, ou seja, nenhuma dificuldade, nenhum tipo de problema ou desafios (seja qual for o tamanho), então nunca seríamos capazes de mostrar aquilo que acreditamos e o que podemos fazer.

Neste caso, por exemplo, nunca teriam existido invenções.
Se pensarmos por exemplo em Edison, um cara genial. A luz foi acendida primeiramente na sua cabeça, então aqueles pensamentos que a princípio pareciam ser loucos se transformaram numa visão concreta e numa clara imagem. Mas foi somente a partir deste momento que o trabalho começou. Experiências, testes, ele teve que superar várias tentativas e estar disposto a sempre recomeçar.

Ele não desistiu e supostamente foram necessários mais de 1000 tentativas até que a lâmpada funcionou. Em 1879 ele registrou a sua patente. Ele conseguiu – Ele superou o problema e terminou vitorioso.

Ainda hoje existe uma lâmpada feita pelo Edison pendurada em um quartel de bombeiros 6 de uma cidadezinha chamada Livermore na California/EUA, perto de São Francisco. E esta lâmpada está acesa desde 1901 (!) sem parar. Para provar que ela ainda continua acesa, montaram uma câmera webcam direcionada diretamente para ela.

Imagina se Edison tivesse desistido depois de ter tentado 999 vezes. Ele certamente poderia ter desistido, porque naquele momento ele não sabia o quão perto ele estava de realizar a sua invenção.

Assim é também em muitas outras áreas da vida. Acontecem coisas que nos desafiam, sobrecarregam e irritam e nós não sabemos porque elas acontecem.

Na Bíblia achamos também bastante indícios de que ás vezes nós somos atingidos por grandes dificuldades. Isto acontece em qualquer tempo com qualquer pessoa. A diferença é somente da forma como lidamos com as dificuldades.

Martinho Lutero reformulou o Salmos 46 assim:

Uma fortaleza poderosa é o nosso Deus!

Não há nada mais forte, mais seguro e estável do que o Deus da Bíblia, o Pai do nosso Senhor Jesus Cristo e o poder milagroso do seu Espírito Santo. Leia você mesmo!

Deus é nosso refúgio e a nossa fortaleza,
auxílio sempre presente na adversidade.
Por isso não temeremos,
ainda que a terra trema
e os montes afundem no coração do mar,
ainda que estrondem as suas águas turbulentas
e os montes sejam sacudidos pela sua fúria.
Salmos 46:1-3

Esta palavra é para mim, mas também para você!

Em mais de 30 anos de trabalho como policial, pude observar a forma como várias pessoas lidam com problemas. A fuga no álcool, nas drogas, nos excessos, na adrenalina e até no suicídio.

Isto tudo porque eles não tinham onde se firmarem, ninguém que realmente os pudesse ajudar e ninguém também que tivesse falado de Jesus para eles. Talvez eles até ouviram de Jesus, mas não quiseram acreditar. Que drama!

Deus não mudou o seu chamado para minha vida. Só porque eu estou fisicamente limitado, não quer dizer que Deus revidou e nem deu uma pausa no chamado dele para minha vida. O meu andar lembra muito dos movimentos de uma marionete.
O mais importante é que eu ando sempre para frente com Jesus.

Eu quero fazer uma comparação engraçada com um carro, que teve um acidente no lado direito. Embora o pneu esteja danificado e o para-lama amassado, ele ainda continua sendo o carro, pois as suas características não mudaram.

Deus é bom – e este fato nunca irá mudar!

Para terminar eu gostaria de mais uma vez deixar alguns pontos bem claros, com profunda convicção e do fundo do meu coração:

- Deus é bom!
- Jesus me ama sem limites!
- Ele não me deixa doente!
- Esta situação não foi e não é uma lição de Deus para mim!
- Deus só quer o meu melhor!
- Nele eu posso sempre confiar!
- A minha vida pertence a ELE para sempre!

Nós podemos confiar as nossas vidas a Ele, com todas as nossas necessidades e obstáculos, mas também com aquilo que nos alegra e nos anima.

Eu espero que este livro tenha te animado e te motivado a viver uma nova dimensão e a ter novas experiências com Deus. Talvez através deste livro, você aceitou Jesus na sua vida.

Continue escrevendo a continuação do capítulo de

Atos 29!

O seu capítulo pessoal. Este será o capítulo que irá mudar o nosso mundo antes da volta de Jesus.Milhões de pessoas em todo o mundo virão a Jesus para serem curadas e saradas, terão suas vidas mudadas, o islamismo irá perder a sua força, porque o poder de Jesus será novamente visível. Ele não tem como se opor ao tremendo poder de Jesus. Hoje existem mais muçulmanos que se convertem a Jesus do que nos últimos 1400 anos juntos! Os cristãos irão de forma muito normal conhecer, apreciar e viver o sobrenatural de Deus neste mundo. Eles farão sinais e maravilhas, as quais serão relatadas pela imprensa.

Muitas igrejas e congregações continuarão na fraqueza da sua teologia, convicções e falta de esperança, mas isto já foi assim também no tempo de Jesus.

Mas aqueles que se abrirem e seguirem a Jesus, virão sinais e milagres. Eles irão exaltar a Jesus. Eles não irão entender tudo ou conseguir explicar tudo. Eles mesmos terão que passar por coisas e conquistar outras, mas serão vencedores.
Eu desejo e oro para que você também escreva e faça parte deste novo capítulo.

Deus te abençoe

Günther e Andra Kunstmann

Epílogo:

Muitas vezes nos perguntam, com se deve proceder em relação à cura bíblica; será que a pessoa deve ir ao médico ou será que uma pessoa tem uma fé fraca só porque está doente? Deus ainda quer curar nestes dias? Será que Deus usa a doença para nos ensinar algo ou para o glorificar? As controversas opiniões sobre essa temática dentro do meio cristão são muito conhecidas por nós.

Eu gostaria de aproveitar essa oportunidade para brevemente comentar alguns pontos importantes. Estes pontos estão baseadas na palavra e no ensino que vivemos na nossa congregação, Jesus Gemeinde em Bamberg. Outros talvez tenham uma outra opinião.

As doenças podem ter várias causas; por culpa própria, por questões biológicas ou psíquicas, etc., mas também podem ser de origem demoníaca.

Deus é um Deus de amor e um bom Pai, por isso ele não faz nenhuma pessoa ficar doente. A vontade de Deus é que através DELE as pessoas seja curadas e que elas vivam abençoadas e com saúde.

A Bíblia, no novo testamento, prova que Jesus curou todos os doentes. Todas as pessoas que foram a Jesus e que pediram ajuda a Ele foram curados. Jesus era livre de todo tipo de pecado e ele viveu de acordo com a vontade de Deus aqui na terra.

Se Deus tivesse feito as pessoas doentes e Jesus as tivesse curado, então ELE teria pecado contra o Pai celestial, porque desta forma ELE teria „trabalhando" contra a vontade do Pai.

Não irei me aprofundar mais nesta área teológica, pois este assunto é muito abrangente. Este tema é muito profundo e não temos o espaço suficiente neste livro para falar dele.

Como eu e nós como igreja devemos lidar com isto?

- Nós não vemos a medicina ou os médicos como um tipo de concorrência ou um inimigo da Palavra de Deus. Muito pelo contrário, a medicina é instrumento usado por Deus para combater as doenças, trazer alívio e ajudar as pessoas a serem curadas.

- O contato com a chamada medicina alternativa como por exemplo a homeopatia e outros tipos de métodos, consideramos como críticas, já que a origem desses métodos está diretamente ligada a outras religiões ou crenças.

- O próprio apóstolo Lucas era médico e foi chamado por Jesus para segui-lo.

- Quando for necessário, devemos ir ao médico como medida de precaução e para tratamentos. Não consideramos essa postura como um sinal de pouca fé. Medidas prescritas por médicos ou medicamentos devem ser tomados com responsabilidade.

- Claro que oramos com os doentes, em toda confiança e fé na Palavra de Deus, que nos ordena explicitamente para fazer tal coisa (por exemplo Marcos 16:15-20).

- Segundo o exemplo bíblico, nós oramos não só por imposição de mãos sobre os doentes, mas também ordenamos que no nome de Jesus e na autoridade dada por Ele, que os poderes e as doenças se dobrem e desapareçam. Jesus também agiu desta forma e a bíblia nos mostra muitos exemplos disto.

- Isto tudo não somente acontece na nossa igreja, mas também na igreja evangélica, católicas e também em outras congregações pentecostais.

- A cura pode acontecer de diferentes formas; cura espontânea completa, ou seja, um tipo de cura inesperada, mas visível, no começo de um processo de cura. Aparentemente, parece que não houve uma cura. Este tipo de cura não nos desanima a continuar a orar pelas pessoas, pois sabemos que elas certamente foram tocadas por Deus. Nós devemos continuar a orar a fim de ter clareza e revelação sobre a situação.

- O fato de uma pessoa estar doente ou não, não está ligado com o nível de fé dela pessoa, nem sua função ou responsabilidade na sua igreja.

- Nós encorajamos as pessoas por quem nós oramos a procurarem um médico para obter a confirmação da cura. Sob nenhuma circunstância nós recomendamos que medicamentos ou medidas ordenadas por médicos devam ser deixados de lado, simplesmente por „motivos religiosos". Isso é decidido unicamente pelo médico responsável.

- A oração de cura e como todas as outras ações bíblicas deve ser oferecida as pessoas sem nenhum custo.

- Toda honra e glória pertencem a Jesus e não as pessoas que impuseram as mãos para oração de cura.